Petra Aiana Freese

Lady Portia
Die Quelle des Lichts

Schamanische Selbsteinweihung

Omkara-Verlag
Eva-Maria Ammon
Industrieweg 28
25588 Oldendorf
Tel. 04821 957 85 40
Email: info@omkara-verlag.de
Web: www.omkara-verlag.de
Besuchen Sie uns gern im Internet

Deutsche Erstausgabe November 2008

Coverhintergrundfoto: © KokaKoala - Fotolia.com
Umschlaggestaltung: Omkara
Satz: Omkara
Druck: Gemi-Print Prag
ISBN: 978-3-9812369-1-0

Petra Aiana Freese

Lady Portia

Die Quelle des Lichts

Schamanische Selbsteinweihung

Omkara Verlag
Bücher für den Quantensprung

Edition: Die Rückkehr der Göttin – Gaia's Erwachen

Inhaltsverzeichnis

Verbunden mit Gaia, seit unendlicher Zeit, leiten ihre Worte alles ein, was ich dich nun lehren möchte, woran ich dich erinnern möchte, mit diesem Buch.

Wachse hinein in dein wunderbares, unendliches Potential und erlaube Lady Gaia, sowie all den wunderbaren Hüterinnen und Hütern dieser Schöpfung, in all ihren Dimensionen, und mir, dich bei diesem, deinem Wachsen zu halten, zu führen, zu schützen und zu leiten.

Lerne dich selbst kennen in deinen höchsten Höhen und in deinen tiefsten Tiefen. Erfahre, in deinem ganz eigenen geschützten Raum, dein schönstes Potential. Denn all dies ist das wunderbare Geschenk, welches das Leben selbst, gemeinsam mit dir, dir gemacht hat, als Gaia dich mit geöffneten Armen empfing.

Sei gesegnet aus dem Herzen der Göttin.

Lady Portia

Empfehlungen:

Dieses Buch enthält sehr viele Meditationen. So kann es sein, dass bereits während des Lesens, Bilder in dir aufsteigen. Vielleicht wirst du sogar Erkenntnisse gewinnen, während des Lesens in die Welten eintauchen, und neue Erfahrungen machen. Daher empfehle ich dir, dass du dir ein Tagebuch zulegst, in welches du deine Erkenntnisse nieder schreiben kannst. Wenn du dich mit diesem Buch zurück lehnst, dann lege dir Schreibblock und Stift zurecht, damit du dir alles notieren kannst, was du in dir erfahren hast. Zur Unterstützung hat Lady Portia wundervolle Essenzen entwickelt. Du findest diese auf Seite 178. Ich wünsche dir von Herzen wundervolle Erfahrungen mit den nun folgenden Zeilen.

Petra Aiana Freese

Seit Beginn unseres Seins

mit Gaia und der großen Göttin verbunden, deren sichtbarer Ausdruck unsere Erde ist, setzt Lady Portia in diesem Buch die Integration und die Heilung der vier Kräfte fort.

Die Entwicklung der eigenen Kraft und des eigenen Schöpfer/innen Potentiales, dieses wunderbare Geschenk der großen Göttin, das seit Äonen in dir ruht oder verborgen wurde, kann im Licht, in der Verbundenheit und mit der Hilfe von Lady Portia wieder neu auferstehen. Es kann jetzt beginnen sich zu entfalten.

Die unendliche Liebe der Göttin, die sich uns in ihrem Ausdruck und in ihrer Vielfalt tagtäglich zeigt, die uns umgibt und lehrt, wird durch deine selbstermächtigte Einweihung in die vier Kräfte in dein Tagesbewusstsein gehoben.

Der Weg der gaianischen Schamanin, der Frauen und Männer, welche ihre tiefen Wurzeln auf und mit Gaia haben, kann frei und ungebunden gegangen werden. Dieser Weg kann dazu beitragen, dich aus alten Verstrickungen und einengenden Netzen zu befreien.

Die Rückkehr und die Aktivierung des Lichtkindes, des schönsten und strahlendsten Seelenanteiles deines Seins, mögen dir dabei helfen, das Licht und die strahlenden Farben des kosmischen Regenbogens auf Gaia und in deinem Sein zu verankern. Dies dient dem Wohle der Göttin in dir, dem Wohle Gaia's, dem Wohle des Universums und dem Wohle der gesamten Schöpfung in all ihrer Schönheit und Vielfalt.

Lady Portia reicht jeder Leserin und jedem Leser die Hand für die Aktivierung und die Lebendigkeit des schamanischen Seins. Sie macht es erstmals möglich, das schamanische Weltbild aus der Sicht und im Licht einer aufgestiegenen Meisterin zu erfassen und in dir selbst zu entfalten.

Die schamanische Sichtweise ist die älteste Sichtweise der Menschheit, in der jeder Mensch sich als Teil dieser wunderbaren Schöpfung wieder erfahren und neu kennen lernen kann.

Als Lady Portia begann, nachdem sich viele Themen meines eigenen Weges geklärt hatten, dieses Buch zu diktieren, war ich zuerst sehr überrascht. Ich hatte viele Gespräche mit Lady Portia darüber, ob es angebracht ist, dieses Buch zu schreiben, darüber, ob es vielleicht eine Überforderung für die Leserinnen und Leser darstellen könnte, oder vielleicht auch für mich selbst. Doch sie erinnerte mich immer wieder daran, dass ja ich selbst es bin, die den Mann, den die Welt als „Jesus" kennt, immer als einen der „größten Schamanen" aller Zeiten bezeichnet habe und dies bis heute tue.

Das Wissen und die Überlieferungen dieses „großen Schamanen" wurden der Menschheit nur bruchstückhaft und verfälscht weitergegeben und in einen religiösen Kontext eingebunden. Zu allen Zeiten, und in allen Kulturen, gab und gibt es Menschen, die dieses „Urwissen" um diese Heilungs- und Manifestationswege in und mit dieser Schöpfung gelehrt und praktiziert haben.

Druidinnen, Priesterinnen, Heilerinnen, Medizinfrauen und natürlicherweise auch Druiden, Priester, Heiler, Medizinmänner, sind andere Namen für all das, was damals mit Nachdruck durch Yeshua in den Kulturkreis gebracht wurde, in dem dieses Drama stattfand.

Lady Portia begann also, mir das hier vorliegende Buch zu diktieren. Sie nahm mich Wort für Wort, Satz für Satz, mit hinein in die schamanische Sichtweise einer aufgestiegenen Meisterin. Dies ist wahrlich eine unendlich liebevolle und hilfreiche Sichtweise, auch für mich selbst. So durfte ich dieses Buch schreiben, und von Seite zu Seite wuchs die Freude in mir über all das, was sich zusammensetzte, was endlich klar und heil wurde.

Ich wünsche dir und mir von ganzem Herzen, dass es dir ebenso ergehen möge, wenn du dich aufmachst, die gaianische Schamanin in dir, und dein Lichtkind, zu finden und zu lieben. Lady Portia wird dich auf deinem Weg begleiten. Fragen dürfen gerne im Göttinnen-Forum gestellt werden (Adressen sh. Anhang)

Da es sich bei Lady Portia um eine vollkommen weibliche Energie handelt, ist dieses Buch in weiblicher Ausdrucksweise formuliert. Lady Portia traut es ihren männlichen Lesern, die herzlich willkommen sind, durchaus zu, diese weibliche Form, beim Lesen des Buches, in die ihnen passende, männliche Form umzusetzen. So mussten wir Frauen dies seid langer, langer Zeit tun, weil die deutsche Sprache vermännlicht ist.

Herzlich willkommen auf Gaia, Kind des Lichtes, Lichtkind.

September 2009 Petra Aiana Freese

Ich bin *Lady Gaia*

Ich bin Gaia, die Seele und der Geist des Wesens, den ihr als Erde kennt. Ich freue mich, dass ich endlich gehört werde und, dass euer Bewusstsein weiter und weiter wächst. Ich bin voller Freude, weil ihr endlich langsam zu dem werdet, wer und was ihr in Wahrheit längst seid. Ihr seid Kinder des Lichtes. Ihr seid entstanden und geboren aus der unendlichen Schöpferinnenkraft der großen, allumfassenden Göttin.

Ich freue mich, dass du diese Zeilen hier liest und bereit bist, dich auf mich einzulassen. Das bedeutet nämlich: Du bist bereit, dich auf dich einzulassen, denn du lebst auf meinem Körper.

Genau wie du, bestehe ich aus einem so genannten „festen Körper“ und aus verschiedenen Auraschichten, die meinen festen Körper umgeben und durchdringen. Und genau wie du, habe ich eine Seele. Du nennst meinen Körper Erde. So begrüße ich dich jetzt von Seele zu Seele; ich, Gaia, die Seele der Erde.

Genau so, wie deine Seele deinen Körper kreiert hat, habe auch ich meinen Körper kreiert. Auch ich habe alles hineingewoben, was ich erfahren habe und webe tagtäglich weiter alles hinein.

Verlässt du deinen Körper, wird dieser wieder in mich hinein gewoben, geht in mich ein, in meinen Körper. So ist die Geschichte der Menschheit untrennbar mit mir verwoben. So bestand zu allen Zeiten ein starkes Band der Liebe zwischen dir und mir, zwischen euch allen und mir.

Dein Lichtkörper, der sich nach der Trennung aus der physischen Dichte aus deinem physischen Körper gelöst hat, geht „nach Hause“, was immer für dich „zu Hause“ auch sein mag. Auch die Reisewege deines Lichtkörpers, deiner Seele, befinden sich in dem Bereich des freien Willens. So kannst du, wenn du magst, und davon etwas kennst, bereits zu den Zeiten deiner Kör-

perlichkeit entscheiden und vorbereiten, welche Wege dein Lichtkörper nach deinem physischen Tod nehmen wird.
Solange du dich für nicht verantwortlich erklärst und hältst, ist natürlich auch die Energie, die dein Lichtkörper ist, dem Spiel und dem Wirken der Kräfte, die auf Gaia gedeihen, unterworfen.

Oftmals bleibt dein Lichtkörper in meiner Aura und in meiner Seele. Ich schaue dann, ob ich dich heilen und dir helfen kann. Manche Seelen möchten auch gern in meiner Aura verbleiben. Manche, um noch mit ihren Lieben verbunden zu sein und andere, um unerledigte Aufgaben zu Ende zu bringen.

Vieles geschieht unaufhörlich in meinem Lichtkörper, in meiner Aura. Ständige Veränderung und fortwährende Heilungen finden hier statt. Doch auch ich begrüße nicht alles voller Freude, was sich innerhalb meiner Aura bewegt. Ich bemühe mich um ständige Reinigung und Erneuerung meiner eigenen Aura.

Wenn du dich näher mit diesem Thema befasst, wirst du ausreichend Informationen über meine ganz eigenen Wachstums- und Reinigungsphasen erhalten. Du wirst dadurch jedoch auch wieder vieles über dich selbst lernen können. Und so wächst mein Licht von Tag zu Tag, genauso wie dein Licht von Tag zu Tag strahlender und heller wird.

Ihr kommt und geht, kommt und geht zurück. Gleichzeitig ich bin immer hier. Ich nehme euch freudig in Empfang, versorge euch mit allem, was ihr braucht, und ihr lernt und entwickelt euch hier, in meinem Reich, auf meinem Körper.

Die große Schöpfergöttin ist aus deiner Perspektive riesengroß, denn sie erschuf und erschafft bis heute das ganze Universum und vieles mehr. Ich bin ein Teil der Göttin, die manifeste Form angenommen hat. Ich habe mit der Zeit, in Harmonie mit euch allen, eine wunderbare Entwicklung durchlaufen.

Es war mir immer eine unendlich große Freude euch zu begrüßen, wenn ihr kamt. Es war mir eine tiefe Freude euch inkarnieren und wachsen zu sehen, eure Körper aufzunehmen und eure Seelen loszulassen, damit sie weiter wachsen können in diesem wunderbaren Universum.

Viele von euch sind stark und schon sehr lange mit mir verbunden. Viele von euch haben unendlich viele Inkarnationen auf und mit mir gelebt. Sie sind eingeweiht in meine Geheimnisse. Viele von euch haben immer wieder ihr Leben damit verbracht, mein Sein zu hüten und zu pflegen, vertraut zu sein mit meinen Regeln, mit den Kräften der Elemente und mit der Einbringung des fünften Elementes.

Immer wieder habt ihr mich gehalten und verbunden mit dem großen Ganzen. Immer wieder habt ihr euch mir reinen Herzens und voller Liebe zugewandt und immer wieder beschenkte ich euch, versorgte und umhegte euch mit all meiner Kraft und Liebe.

Lichtwesen aus allen Universen kommen zu mir um sich zu entwickeln, zu wachsen und, um die unendliche, kosmische Liebe der großen Göttin erfühlen und verstehen zu lernen. Immer weiter geht der Weg. Und immer weiter geht die Entwicklung des Universums. Immer weiter geht mein Weg, untrennbar verbunden mit euch, verwoben mit euch bis in meine tiefsten Tiefen und durch alle meine Elemente.

Deine ganz eigene Geschichte, aus all deinen Inkarnationen, ist bei und in mir gespeichert. Und immer wieder kommst du zu mir, um deine Geschichte zu finden, um in dir zu heilen, um weiter zu wachsen.

Du allein entscheidest, ob deine Geschichte ein Reigen der Liebe und des Wachstums ist, oder ob es eine Geschichte voller Leid und Qual ist. Erinnere dich, geliebtes Kind: DU entscheidest! Immer!

Ich reiche dir immer wieder meine Hände, damit wir gemeinsam heilen und wachsen können, denn heilst du, dann heile auch ich. Werde ich heil, dann wirst auch du heil sein. Wenn du leidest, dann webst du dein Leid in meinen

Körper und in meine Seele. Erfreust du dich jedoch an deinem Leben, dann webst du deine Freude auch in meinen Körper und in meine Seele.

Heute ist ein Zeitpunkt im großen Schöpfungsplan erreicht, an dem die Lichtkinder in meine Aura zurückkehren. Es ist die Zeit, in der auch ich wieder zurückkehren kann in die Aura der großen Göttin. Jedes Lichtkind, welches sein unbeschreiblich wunderbares Licht der Farben in meinem Sein, hier auf der Erde verankert, hebt meine Energie an. Und für jedes Lichtkind, welches seine wunderbaren Farben mit mir verbindet, hebe ich meine Energie an.

Du selbst bist das Tor, durch das die große Schöpferinnenkraft sich ausbreiten kann. Durch dieses Tor, kann das wunderbare Netz aus Licht und Farben neu entstehen. Dieses Netz aus Farben wird uns gemeinsam wieder verbinden mit dem Universum und der großen Schöpfergöttin.

Wisse! Es gibt keine Trennung. Als die große Schöpfergöttin sich teilte, erschuf sie ihren Gott, einen Gott der Liebe und der Freude. Sie erschuf einen Gott, der erfüllt war von ihrer Liebesenergie, aufgehoben und geborgen. Sie erschuf einen Gott, der voller Warmherzigkeit, voller Weisheit und tiefer Liebe mit ihr in diesem wunderbaren Universum eins ist. So strömt die unendliche Schöpferinnenkraft auch aus ihrem Gott in diese, meine, deine Schöpfung, in unser Sein.

Das Lichtkind ist das Bindeglied. Es ist das Kind aus Göttin und Gott, das wir alle sind und immer sein werden. Wir alle sind aufgehoben, gehalten, geliebt in unserem ganz eigenen strahlenden Sein.

Dein Lichtkind, ist das Kind, ist der kindliche Anteil von dir, der unbefangen Göttin und Gott gegenübertreten kann, denn es ist ihnen gleich. Nichts kann diesen Teil von dir trennen und nichts kann es zerstören. Niemand kann dein strahlendes Lichtkind verletzen. Niemand kann ihm weh tun und niemals wird es leiden. Es ist eine lichtvoll strahlende Energie. Es ist unmittelbar verbunden. Es ist du!

Sei, mein geliebtes Kind. Sei die oder der du bist. Sei willkommen aus ganzem Herzen in meinem Sein. Sei willkommen auf allen Ebenen meines Seins und lehne dich voller Vertrauen an mich. Ich hülle dich ein. Ich nähre dich. Ich lache mit dir und ich weine mit dir. Ich trauere mit dir und ich feiere mit dir. Du und ich, wir sind untrennbar miteinander verbunden.

Du bist ein vollkommener Ausdruck der großen Schöpfergöttin, genau wie ich es bin. Reiche deine Arme hoch hinauf zum Himmel und stelle deine Füße stabil auf meinen Körper. Dann lass das Licht der großen Göttin durch dich, tief hinein in meinen Körper, fließen.

Lass das Licht deines Lichtkindes aus dir heraus strahlen zu deiner eigenen und zu meiner Freude. Lass es erstrahlen in deinem und in meinem Sein. Lass dein Lichtkind in meiner und in deiner Schöpfung sein. Es wird sie erfüllen mit Weisheit, mit Heilung und Liebe.

Sei willkommen in all meiner Liebe für dich. Lass uns gemeinsam diesen wunderbaren Weg der Liebe und des Lichtes gehen als die, die wir sind. Du und ich.

Lady Gaia

Lady Portia – Sei mir in meinem Herzen willkommen

Lady Gaia als die Basis deines menschlichen Lebens, und als der manifestierte Ausdruck der größen Schöpfergöttin, der All- einen, hat sich dir vorgestellt und reicht dir, genau wie ich es tue, ihre Hände.

Entwickele du für dich in Einklang mit Lady Gaia und allem was ist, und zum Wohle der gesamten Schöpfung, deine Rituale.

Gönne dir diese wunderbaren Wege, die Lady Gaia und ich dir anbieten, um dich selbst zu entwickeln, dich kennen zu lernen als Tochter oder Sohn dieser Schöpfung und dazu, ganz in deine eigene Spiritualität hinein zu wachsen.

Erfasse dich selbst als einen manifestierten, sicht- und greifbaren Ausdruck der unendlichen Schöpferinnenkraft der Dimensionen, die Gaia sind und ausmachen.

Meditation: Erwecken der drei liebenden Herzen in dir

Jetzt möchte ich – Lady Portia - dir gerne etwas über die drei Herzen erzählen, die in deinem physischen Körper, und somit natürlich auch in deinen Energiekörpern, wohnen und sind.

Ihr seid nun schon seit langer Zeit mit den verschiedenen energetischen Körpern, den Auraschichten und mit dem Elf-Chakren-System, vertraut.

In deinem Körper befinden sich drei große energetische Zentren, die ich hier gerne als die drei großen Herzen bezeichnen möchte. Wenn du dich mit dem Gleichklang der drei Herzen beschäftigst, kannst du sie natürlich auch ganz rational, analytisch als Nervenzentren betrachten.

Setzt du dich mit den Nervenzentren auseinander, ist lediglich eines deiner Herzen aktiv, nämlich: *das Herz in deinem Kopf*.

Das Herz in deinem Kopf vergisst oft, dass es ein liebevolles Herz ist, denn es wird mit Daten und Fakten beschäftigt. So wird das Herz in deinem Kopf stark in eine Form gebracht, die so gar nicht zu einem Herzen passt.

Versuchst du, zum Beispiel, die Aura zu sehen und hellsichtig zu sein? Liest du alles, was du darüber lesen kannst und du machst vielleicht Übungen über Übungen, um endlich diese heißersehnte Begabung zu haben? Wenn all dies trotz allem Bemühen nicht gelingt, dann ...:

Lass die Übungen sein. Lass das darüber Lesen sein. Erinnere dich an das Herz in deinem Kopf. Erinnere dich daran, dass dort, in deinem Kopf, eine tiefe spirituelle Liebe zur Schöpfung lebt.

Erweckst du das Herz in deinem Kopf, deine klare Absicht ist ausreichend, wird diese Liebe all deine Begabungen öffnen. Du hast all diese Begabungen, nach denen du noch suchst, in dir, damit du der Schöpfung als liebendes Kind dienen kannst. Du hast all die Begabungen, nach deren Erfüllung du dich sehnst, damit du Heilung, Freude und Wohlstand in deinem Leben und in dieser Schöpfung manifestieren kannst.

Wenn du damit beginnst, alles mit liebevollen Augen anzuschauen, dann ist das Herz in deinem Kopf lebendig. Es ist dann voller Freude und Leichtigkeit. Es eröffnet dir Wege, von denen du ansonsten kaum zu träumen wagtest.

Schaue in die Schöpfung mit den liebevollen Augen eines erfüllten Herzen und du wirst staunen, was es alles zu entdecken gibt.

Das Herz in deinem Kopf ist das wissende Herz

Du wirst dieses Herz nicht rational erklären, oder gar eine wissenschaftliche Abhandlung darüber schreiben können. Das ist auch nicht nötig. Die Liebe und die Schöpferinnenkraft deines befreiten Kopfherzens, wird deine Kopfchakren erfüllen. Dann erst, kann deine spirituelle Verbindung, zu den höchsten Ebenen der Engel und der Meisterinnen, in Liebe und Einklang aktiv sein und frei fließen.

Die Liebe der großen Göttin, zu der du damit in Resonanz stehst, wird durch deine Kopfchakren einfließen. Sie wird sich in deinem ganzen Kopfbereich ausbreiten. Von dort wird sie weiter hinab sinken bis zu deinem *Brustherzen* in der Mitte deiner Brust.

Auf dem Weg zu deinem Herzen, in der Mitte deiner Brust, durchfließt die Liebe deines Kopfherzens dein Halschakra und dein Thymuschakra. Sie kann dann zu einer sanften Öffnung deines vorderen und deines rückwärtigen Herzchakras werden und führen.

So sanft, wie bereits dein gesamter Kopf in diese Energie gehüllt wurde, kann sie auch die weiteren Chakren durchfließen und diese mit der universellen Liebe erfüllen.

Erlaube deinem Herzchakra sich satt zu trinken an dieser kosmischen Liebe. Erlaube ihm sich auszuweiten in alle Richtungen. Erlaube ihm vollkommen davon erfüllt zu sein. All deine Verletzungen, die sich vielleicht dort gesammelt haben, werden sich in dieser kosmischen Liebe auflösen.

Das Herz in deiner Brust ist das liebende Herz

Und tiefer sinkt die universelle Liebe hinab. Sie sinkt durch dein Sonnengeflecht, dein strahlendes Zentrum. Sie sinkt tiefer, durch dein Nabelchakra, dein Tor zu den anderen Welten, bis in dein Sakralchakra hinein. Hier, in deinem heiligen Raum, in deinem Bauch, erfüllt diese Liebe dann das dritte Herz in dir und bringt es zum Strahlen. Dein *Bauchherz* dehnt sich aus. Es erfüllt deinen gesamten Beckenraum mit der unendlichen, kosmischen Liebe.

Das Herz in deinem Bauch ist das intuitive Herz

Deine drei Herzen, dein Kopfherz, dein Brustherz und dein Bauchherz, schlagen jetzt im Takt der allumfassenden Liebe. Jetzt kannst du diese kosmische Liebe noch tiefer hinab sinken lassen, bis in das Herz von Gaia, direkt in ihr Zentrum.

Erlaube dieser erfüllten Liebe deiner drei Herzen, weiter hinab zu sinken, um durch dein Wurzelchakra, durch deine Beine, bis in dein Erdchakra zu fließen.

Lass diese Liebe sich dort, in dem großen Herzen Gaia´s, entfalten. Lass sie sich dort ausbreiten.

Du wirst nun, nach einer kleinen Weile, die Freude und die Kraft Gaia´s spüren, denn sie stellt dir beides gerne und in Liebe zur Verfügung.

Fühle die Kraft und die Freude Gaia´s aufsteigen. Spüre sie und führe sie genauso von unten nach oben, wie du zuvor die kosmische Liebe von oben nach unten geführt hast.

So kannst du eine liebende, lebendige Verbindung zwischen Gaia und dem Universum sein. Du kannst dabei sehr gut für dich sorgen.

Lerne tagtäglich auf den Gleichklang deiner drei Herzen zu achten und mache diese kleine Übung regelmäßig. Sie wird dir mit der Zeit immer leichter fallen und kann dich zur inneren Harmonie führen.

Im Gleichklang deiner drei Herzen kann dir mit der Zeit vieles sehr viel leichter fallen. So kann auch der Umgang mit deinen vier Kräften dich mit immer mehr Freude, Bewusstsein, Klarheit und Heilung erfüllen.

Mit all der kosmischen Liebe der großen Schöpfergöttin, hast du die Möglichkeit, auch deine vier Kräfte mit ausreichend Liebe und Freude zu versorgen, damit sie mehr und mehr ein bereichernder Bestandteil deines Lebens werden können. Dann werden sie dir helfen, dein Leben immer bewusster und klarer zu gestalten.

Erinnere dich in deinem Alltag, und wann immer es dir einfällt, an die Harmonie in deinen drei Herzen, die in deinem Inneren wohnen. Nutze diese kleine Übung und lass sie immer leichter und freudvoller miteinander in Einklang schwingen.

Die drei tieferen Aspekte deiner vier Kräfte erfahren

In unserem ersten Buch verweise ich mehrfach auf die Heilungsarbeit mit dem inneren Kind hinsichtlich des stabilisierenden und heilenden Kontaktes zu den vier Kräften.

Diese Verbindung werde ich mit diesem Buch mit dem Lichtkind und mit den Kindern des Lichtes erweitern, die in anderen Dimensionen, oder auf anderen Planeten, auf ihre Heimkehr zu dir warten.

Wie du sicherlich bereits bemerkt hast, wird die Arbeit mit den vier Kräften von der Ebene der aufgestiegenen Meisterinnen, Meister und der Erz-Engel- Ebene getragen und unterstützt.

Du hast deine vier Kräfte kennen gelernt und dich vielleicht auch mit den drei Aspekten der großen Göttin vertraut gemacht. Dies sind die Jungfrau, die Mutter und die weise Alte.

Wenn du nun die vier Kräfte auf diese drei Aspekte umsetzt, hast du es mit zwölf Aspekten deines Selbst zu tun.

Ich hoffe, du bist jetzt nicht verwirrt. Ich erläutere dir dies, damit ich dir Wege aufzeigen kann, auf denen du leichter und freudvoller an hinderliche Themen herankommst um diese zu erlösen.

Schau einmal, wie deine vier Kräfte aussehen. Welches Alter haben sie? Wie sind sie gekleidet? Wie haben sie auf dich reagiert und wie harmonisch ist die Verbindung zwischen dir und ihnen?

Und nun schau einmal weiter: Nimm den Aspekt der Jungfrau und nimm wahr, wie deine jungfräuliche Kriegerin, deine jungfräuliche Heilerin, deine jungfräuliche Priesterin und deine jungfräuliche Lehrerin dir begegnen.

Es kann sehr gut sein, dass sie dir als Kinder entgegen treten. Du hast die Möglichkeit, auf diesem Wege, sehr viel Aufschluss über dein inneres Kind zu bekommen. Du kannst auf diese Weise Heilung zu erfahren, bevor du dein Lichtkind zu dir einlädst, es integrierst und aktivierst.

Meditation: Erweckung der inneren Herzen in deinen vier Kräften

Suche dir einen schönen Ort, an dem du dich wohl fühlst. Wenn es dir möglich ist, dann suche dir einen schönen Platz in der freien Natur. Wenn das zurzeit nicht möglich ist, dann richte dir den Raum, in dem du dich aufhältst, schön her.

Achte auf die Elemente, die dich umgeben. Sind alle vier Elemente vertreten? Wenn du in einem geschlossen Raum bist, dann sind das Feuer (eine Kerze), Luft, Wasser (ein Brunnen oder ein Wasserglas), Erde (vielleicht mit einer Blume). Wenn du in der freien Natur bist, dann schaue, welche Elemente dich umgeben, halten und tragen.

Erlaube dir, dich zu entspannen. Erlaube dir, dich vollkommen den Elementen anzuvertrauen und folge entspannt dem Fluss deines Atems. Nimm wahr, wie dein Atem ganz von alleine kommt und geht. Dein Atem verbindet dich mit der großen Göttin Gaia. Atme ihre Aura ganz bewusst ein und aus, ein und aus.

Lass dein Kopfherz, in deinem Kopf, sich mit der kosmischen Liebe der großen Göttin erfüllen und nimm wahr, wie es mit jedem ein- und ausatmen größer und kraftvoller wird. Fühle, wie es weiter und weiter wird.

Nun lass diese allumfassende Liebe weiter wandern, in dein Brustherz. Und auch hier wird es größer und größer, weiter und weiter. Mit deinem Atem füllt das große, liebende Herz in deiner Brust sich auf und beginnt zu strahlen.

Wenn nun dein ganzer Brustraum erfüllt ist, mit dieser unendlichen Liebe der großen Schöpfergöttin, dann lass diese Liebe weiter hinab sinken bis in dein Bauchherz, in dein Sakralchakra, in deinen heiligen, inneren Raum.

Erlaube deinem gesamten Becken sich aufzufüllen mit der universellen Liebe der großen Schöpfergöttin. Dein Bauchherz wird weiter und weiter werden.

Genieße eine kleine Weile diesen Zustand des Eins Seins mit der Schöpfung, mit allem, was ist. Dann lass dort, in deinem Sakralchakra, im Zentrum deines Bauchherzens, deine innere Landschaft entstehen.

Beschützt und behütet in der Liebe der großen Göttin entfaltet sich das Bild deiner inneren Landschaft in dir. Schau dich um. Schau vor dich, schau neben dich und schau hinter dich. Lass alles so entstehen und sein, wie es für dich richtig, schön und harmonisch ist.

Betrachte dir alles ganz genau solange, bis deine innere Landschaft für dich eine Oase des Friedens, der Freude und der Heiligkeit geworden ist. Begrüße Freunde, Helfer, Helferinnen und Verbündete, wenn sie anwesend sind.

Sicherlich erwarten dich hier, in deiner inneren Landschaft, bereits deine innere Priesterin, deine innere Lehrerin, deine innere Heilerin und deine innere Kriegerin.

Vielleicht ist auch dein inneres Kind da? Begrüße alle mit Freude und Liebe.

Sollte jemand anwesend sein, den oder die du dort weder erwartet noch eingeladen hast, dann schicke sie oder ihn mit einem Lichtstrahl der Liebe fort. Deine innere Landschaft ist dein heiliger Raum, der nur dir ganz allein gehört. Du allein entscheidest, wen du zu dir einlädst. Hier dürfen nur Wesen anwesend sein, die du selbst zu dir eingeladen hast. Denke immer daran!

Und jetzt mache mit deinen vier Begleiter/innen die Meditation der drei Herzen.

Wecke die drei Herzen in deiner inneren Lehrerin, in deiner inneren Kriegerin, in deiner inneren Heilerin und in deiner inneren Priesterin.

Alles, was jetzt geschieht, ist richtig und gut. Egal, ob ihr dabei lacht oder weint, ob ihr dabei sitzt oder tanzt, alles, was jetzt geschieht, ist Ausdruck der Liebe der großen Göttin.

Beziehe gerne alle mit ein die anwesend sind und einbezogen werden möchten. Schau, wie deine vier Kräfte mit dieser Meditation umgehen, wie sie sich damit fühlen. Wenn eine von ihnen Schwierigkeiten hat, diese reine Liebe anzunehmen, dann erlaube dir und ihr, euch die Zeit zu nehmen, die sie braucht.

Genieße diese kleine gemeinsame Meditation. Lass alle Gefühle zu, die in dir aufsteigen wollen. Bringe sie mit deinem Atem aus dir heraus und sende sie mit dem Ausatmen von dir fort.

Erlaube den drei liebevollen Herzen sich in dir und in deinen vier Kräften auszudehnen und euch vollkommen zu erfüllen, bis alle dort, in deiner inneren Landschaft, in einer wunderschönen Harmonie sind.

Wiederhole diese kleine Meditation so oft du möchtest und wann immer du magst.

Mit der Zeit werden deine drei Herzen sich immer selbstverständlicher erfüllen, und die Liebe der großen Schöpfergöttin wird all dein Handeln und Tun und dein Sein durchstrahlen.

Bleibe dort, so lange du dort sein möchtest. Genieße die Zeit in deiner inneren Landschaft.

Wenn du das Gefühl hast, dass es für heute genug ist, und wenn deine vier Kräfte, und vielleicht auch dein inneres Kind, in strahlender Harmonie mit den drei Herzen sind, dann verabschiede dich für den Moment von ihnen. Lass dein Tagesbewusstsein wieder aufsteigen bis hinauf in dein Kopfherz.

Atme dreimal tief ein und aus. Spüre kraft- und freudvoll in deinen Körper hinein und verbinde dich mit deinem Erdchakra und deinem Tempelchakra.

Fülle dein ganzes Sein mit der Kraft und der Liebe der drei Herzen auf, und kehre ganz bewusst zurück in das Hier und Jetzt.

Es ist kann gut möglich sein, dass es dir schwer fällt zu visualisieren, oder durch die Meditationen in deine inneren Welten zu gehen. Vielleicht hast du auch zurzeit niemanden, die oder der mit dir diese Meditationen gemeinsam macht?

Wenn dir diese Wege schwer fallen, oder es dir aus deinen ganz persönlichen Gründen heraus im Moment nicht möglich ist, so intensiv mit deinen inneren Ebenen in Kontakt zu treten, dann gibt es auch andere Möglichkeiten mit deinen vier Kräften leichter in Verbindung zu kommen.

Keine spirituelle Arbeit, die dir helfen kann in deine Kraft und in dein Licht zu wachsen, bedarf eines Zwanges. So gehe du deinen Weg genau so, wie er für dich angenehm ist.

Wenn du ein Göttinnen-Kartendeck besitzt, dann schaue in deine Göttinnen-Karten. (Empfehlungen schöner Karten, findest du im Anhang) Suche dir, nach den Angaben, die ich oben zu den vier Kräften gemacht habe, die entsprechenden Karten der Göttinnen, die dich am tiefsten ansprechen, heraus.

Die oben angebotene Meditation, die dich mehr und mehr mit deinen vier Kräften vertraut werden lässt, wird dir ein immer harmonischeres und schöneres Aktionsfeld mit deinen vier Kräften ermöglichen.

So kannst du wunderbar, nach jeder Meditation mit deinen vier Kräften, dir eine für dich passende Göttinnen-Karte auf deinen Altar stellen oder sie so platzieren, dass dein Blick immer wieder darauf fällt.

Schaue auch gern nach, in welcher Phase du dich in deinem jetzigen Leben befindest. Bist du in der Jugendzeit, in der Mutterzeit oder bereits in der Phase der alten Weisen?

Wenn du dir das jetzt ganz genau anschauen möchtest, und du ein Kartendeck besitzt, dann suche dir jetzt vier Karten zu den vier Aspekten heraus, wie sie deiner jetzigen Lebensphase entsprechen:

eine Heilerin
eine Kriegerin
eine Lehrerin und
eine Priesterin.

Lege dir diese Karten so hin, dass du sie dir immer wieder anschauen kannst. Meditiere auch gern über sie. Sie werden die Kräfte in dir stärken. Sie werden dir bewusst machen was dich stört und dir über das visuelle Bild helfen zu wachsen.

So kannst du immer wieder ganz flexibel weiter wachsen und die vier Kräfte in dir immer bewusster werden lassen. Mit der Zeit wirst du ganz klar wissen, welche deiner vier Kräfte in deinem jetzigen Leben dominiert und wie die anderen Kräfte mit ihr interagieren.

Jede deiner vier Kräfte hat in einem deiner unendlich vielen Leben auf Gaia dominiert. Du kannst mit der jeweiligen inneren Kraft an deine alten Erinnerungen und an dein altes Wissen heran kommen. Nutze jede mögliche Zeit, um dich mit dem Ort, oder der Umgebung des Ortes, zu verbinden, an dem du lebst. Mache dir ganz bewusst, dass deine Füße dich durch dein Leben tragen und getragen haben. Sie verbinden dich tagtäglich erneut mit Gaia.

Lerne mehr und mehr, dich mit Gaia´s Herzen zu verbinden und nimm ihren gleichmäßigen, kraftvollen Herzschlag wahr, egal wo du gehst oder stehst.

Du stehst in deinem Leben in einer ständigen Resonanz zu der Göttin. Sie wird durch vielerlei Gesichter zu dir sprechen. Sie wird dich liebevoll aufmerksam machen auf das, was du wahrnehmen oder lernen darfst und kannst.

So können Tiere in deinem Leben auftauchen, die überraschend in der freien Natur vor dir stehen, oder in deinem Garten wachsen Pflanzen, die niemand dort eingepflanzt hat. Wenn du achtsam und aufmerksam durch deinen Tag gehst, dann wirst du mit der Zeit immer klarer spüren, welche Botschaft dieses Mitgeschöpf oder die entsprechende Pflanze für dich hat.

Genieße diese Augenblicke und genieße dein Sein mit der Göttin, die dich immer wieder einbettet in ihre unendliche Liebe, die ihren Ausdruck findet in der Schöpfung, von der du ein Teil bist.

Nun gebe ich dir eine Anregung für eine Meditation zu den vier Kräften, die jeder einzelnen von ihnen helfen kann, sich mit ihrem alten Wissen zu verbinden:

Das Potential der vier Kräfte tief verankern und integrieren

Richte alles so her, wie du es für eine entspannende, meditative Reise brauchst. Begib dich in deine innere Landschaft. Begrüße deine vier Kräfte einzeln, liebevoll und voller Freude. Nun sprich deine innere Heilerin an. Sage ihr, dass du gern mit ihr eine Reise zu ihrer schönsten und bereicherndsten Erfahrung machen möchtest. Dies kann auch ihre schönste und erfüllteste Inkarnation gewesen sein.

Voller Freude wird sie dir den Weg dorthin zeigen und gerne mit dir dorthin gehen. Nimm deine innere Heilerin an die Hand. Erlaube der Freude und der Liebe, die ihr füreinander empfindet, euch zu durchströmen. Dann mache dich mit ihr auf den Weg. Wandere oder fliege oder fahre mit ihr bis zu dem Ort und zu der Zeit, als dieses Erlebnis statt fand, welches ihr jetzt gemeinsam erfahren wollt.

Genieße mit deiner inneren Heilerin gemeinsam das Anschauen dieses Erlebnisses und dieser Erfahrung.

Nimm dir Zeit für diese Erfahrung. Genieße sie voller Freude und Dankbarkeit. Du hast dort die Möglichkeit, Fragen zu stellen. Du kannst Antworten erhalten, kannst dadurch dein Wissen erweitern, um es auf diesem Wege in die heutige Zeit, in dein heutiges Leben zu tragen und zu integrieren. Erfreue dich, mit deiner inneren Heilerin gemeinsam, an all dem, was du nun erlebst, siehst und lernst.

Wenn ihr beide sicher seid, dass es nun an Zeit ist in deine heutige innere Landschaft zurück zu kehren, dann bedankt und verabschiedet euch und kehrt zurück.

Nehmt den Weg ganz genau so zurück, wie ihr gekommen seid, bis in deine innere Landschaft hinein. Verweile dort noch einen Augenblick.

Vielleicht möchten deine innere Kriegerin, deine innere Lehrerin und deine innere Priesterin gerne hören und erfahren, was ihr erlebt, gesehen und gelernt habt.
Redet solange miteinander, wie ihr möchtet. Wenn du das Gefühl empfindest, es ist jetzt die Zeit gekommen in deine alltägliche Wirklichkeit zurück zu kehren, dann bedanke dich, verabschiede dich und kehre ganz bewusst zurück in das Hier und Jetzt.

Auf genau die gleiche Weise mache bitte auch diese Reise mit deiner inneren Lehrerin, deiner inneren Priesterin und deiner inneren Kriegerin.

Notiere dir deine Erfahrungen und Erlebnisse, wenn du magst. Wenn es dir richtig und angebracht erscheint, dann kannst du auf diese Art und Weise auch in andere Themen reisen. Du kannst sie auf diese Weise heilen und klären.

Nimm für deine Reise nur dann schmerzhaften Themen, wenn du ganz sicher bist, es aushalten zu können. Bleibe hier bitte ganz entspannt und vertraue den Selbstheilungskräften deiner Seele, beziehungsweise deines spirituellen Selbst. Gehe nicht davon aus, dass dir das dauernde Anschauen leidvoller Erfahrungen vorrangig weiter hilft.

Betrachte dein Sein wie ein Gefäß, für das es wichtig und schön ist, ein Gefäß der Liebe, der Heilung und der Gesundheit zu sein. Erlaube den licht- und freudvollen Erfahrungen, dieses Gefäß zu füllen.

Du weißt es: Wo das Licht ist, wird das Dunkle weichen.

Wenn du erkennst und akzeptierst, dass du auf allen Ebenen in dir heilen kannst und dich dazu entschlossen hast, dann wird dein spirituelles Selbst dich führen. Es wird dir zeigen, was zurzeit gut und richtig für dich ist.

Oftmals ist es sehr gut, die freudvollen und liebevollen Kräfte zu sammeln, um den Dramen leichter begegnen zu können.

Nutze diese Möglichkeit dich selbst einschätzen zu lernen und dich somit auch immer besser als Kind, Schwester, Partner/in der Göttin kennen zu lernen.

Deine spirituellen Wege als gaianische Schamanin

Das Leben auf und mit Gaia ist etwas Wunderbares. Es kann dir vieles bieten, was du auf anderen Planeten in dieser Form nicht erleben kannst. Gerade jetzt, in dieser veränderlichen Zeit, wächst das Verständnis für die Zusammenhänge der Multidimensionalität rasant, und das Bewusstsein, dein Bewusst-Sein, erweitert sich täglich mit großen Schritten.

Auch enttarnt sich die Geschichte der Menschheit, die lange Zeit unter den dunklen Netzen verborgen lag, die untrennbar mit Gaia und ihrer Position im Universum verbunden war. So macht Gaia sich jetzt auf, genau diese Trennung herbeizuführen. Gaia selbst reinigt sich jetzt von allen alten Dramen, die mit der Entwicklung der menschlichen Rasse verbunden sind. Gaia löst sich mehr und mehr aus diesen Dramen. Sie befreit die alten, dunklen Netze in ihrem Inneren und aus ihrer Aura.

In all ihrer Pracht und Schönheit, die nur selten wirklich erkannt wurde, hat sie jeder Seele einen Ort des Lernens, der Entwicklung angeboten und bereitgestellt. Ihr unendliches Mitgefühl hat dir und euch immer wieder ermöglicht, dich hier, genau hier, zu entwickeln.

Das wahrhafte Erkennen Gaia´s, ihrer ganz eigenen Dimensionen, ihrer Vielfalt und ihrer unendlichen Schönheit, war zu allen Zeiten der Menschheitsgeschichte in erster Linie eine Angelegenheit der Schamanin. Seit Anbeginn der menschlichen Zeit, in Verbindung mit Gaia, war es die Schamanin, die sich in den Zwischenwelten auskannte. Sie war und ist vertraut mit ihren Wesenheiten und Orten; sowohl mit den Strahlenden und Schönen, als auch mit den Dunklen und Bedrohlichen.

Wie du die verschiedenen Orte und Bereiche wahrnimmst, sagt auch immer etwas über dich selbst aus. So lernst du dich mehr und mehr in deinem ganzen Sein kennen.

Alles war und ist immer da. Alles hat mit Gaia und ihrer Verbindung zu den Menschen zu tun. So hat Gaia die Geschichte der Menschheit und das universelle Wissen, gemeinsam mit den Schamaninnen, immer geschützt und gehütet. Genau so wird sie es auch, nach ihren Veränderungen, gemeinsam mit ihren Schamaninnen und Schamanen, weiterhin schützen und hüten. Die tiefe Liebe der Schamanin zu dieser Schöpfung und zu allem, was in Verbindung mit ihr ist, ist das tiefe Bindeglied. Dieses Bindeglied ist unzerstörbar.

Das Auge einer Schamanin erkennt die Schönheit und die Macht Gaia´s in allem, was sie sieht, egal in welcher Dimension, egal in welcher Welt. Ob in der alltäglichen Wirklichkeit oder in der Anderswelt, sie findet, was sie sucht. Und sie kann es halten, kann es aushalten, was immer sie auch finden mag. Sie kann, alles was sie findet, im Licht dieser unendlichen Liebe heil werden lassen. Denn sie steht und lebt in ihrer tiefen Liebe und dem unendlichen Mitgefühl, die du als die unendliche Schöpferinnen- und Mutterliebe bezeichnen kannst.

Beide sind Mutter, beide sind Tochter.

Alles, was ich – Lady Portia - dir mit diesem Buch anbiete, kann dir, deiner Entwicklung und deiner Ganzwerdung dienen. Versuche nicht, eine Schamanin zu werden, die auch für andere Menschen und Tiere schamanisch tätig wird. Versuche nicht eine Schamanin zu werden, die gar schamanische Reisen für andere Menschen und Mitgeschöpfe unternimmt. Dazu gehört ein unendliches Liebes- und Kraftpotential, welches aus den tiefsten Tiefen kommt. Dazu gehören auch derart starke Gefühle, dass du sie nicht aushalten kannst, wenn du nicht im Vorwege viel Klärungs- und Heilungsarbeit mit und in dir selbst erfahren hast.

Nutze dieses Buch ganz allein für dich, ganz allein für dein Wachstum, für deine Liebe und für deine ganz eigenen Erkenntnisse.

Wenn du „gut erzogen“, oder gar artig und bestrebt bist, ganz besonders gut dem Göttlichen oder anderen vermeintlichen Autoritäten zu gefallen, dann begib dich nicht auf die schamanischen Wege. Schamanismus ist die Ausdrucksform einer freien und liebevollen Spiritualität.

Eine Schamanin will niemandem gefallen! Sie ist unabhängig, authentisch und echt. Für sie haben die Heilung der Schöpfung und der Schutz der ihr anvertrauten Geschöpfe höchste Priorität. Sie erkennt das Leben in den all den unendlich vielen Ausdrucksformen an, die es hat.

In dieser Authentizität fühlt sie sich rundum sicher, zufrieden und angebunden. So ist sie voller Kraft und Energie und mit sich selbst im Einklang. In dieser inneren Harmonie kann sie sich auch den Schatten der Menschheit stellen, wenn sie ihr begegnen. In dieser Kraft kann sie all das halten, transformieren und heilen, was sie halten, transformieren und heilen will.

Stelle dir selbst, ganz allein für dich, die Frage, wem du dienst? Und wenn du diese Antwort gefunden hast, dann gliedere es aus.

- ∞ Wem oder was dient dein körperliches Selbst?
- ∞ Wem oder was dient dein alltägliches Selbst?
- ∞ Wem oder was dient dein spirituelles Selbst?

Schreibe dir deine spontanen Antworten, die aus deinem Inneren kommen, in deinem Tagebuch auf. Stelle dir diese Fragen immer wieder einmal, nach einem Mondzyklus zum Beispiel. Mach dir bewusst, dass ein Mensch immer Jemandem oder einer Sache dient. Gehe mit dieser Frage durch dein ganzes Sein. Gehe mit ihr durch die tiefsten Tiefen deines Seins und halte aus, was dann geschieht.

Erlaube jedem Widerstand aus deinem Sein, egal von welcher Ebene des Seins, an die Oberfläche zu kommen. Nimm einfach nur zur Kenntnis, was diese Suche und diese Frage in dir auslöst.

Schreibe es auf oder tobe es heraus, was sich durch diese kleine Frage aus dir löst, und lasse es geschehen.

Vielleicht findet alleine das kleine Wort „dienen“ eine heftige Resonanz in dir? Dann forsche weiter und weiter und denke daran: du hast dich mit mir

Lady Portia - auf den Weg zu dir selbst gemacht. Nichts ist in dir, das nicht zu dir gehört.

Eine Schamanin hat alles in sich selbst erfahren, hat alles in sich integriert. In ihr sind die vier Kräfte vollkommen entwickelt und frei. Ihre vier Kräfte dienen nur noch ihrem ganz eigenen Sein. Und das Sein einer Schamanin ist ein Sein für die Schöpfung, zur Heilung der Schöpfung, für den Frieden in der Schöpfung und für die Glückseligkeit der Schöpfung.

Alles, was eine Schamanin tut, dient der Schöpfung, und niemandem sonst. Die Schamanin verneigt sich vor der Schöpfung und vor ihren vier Kräften. Und die Schöpfung, und ihre vier Kräfte, verneigen sich vor ihr.

Die Schamanin ist die fünfte Kraft, denn sie hält die vier Kräfte. Sie kennt die Dimensionen. Sie weiß, dass sie nichts ist, wenn sie nicht ganz in ihrer Kraft und in ihrem großartigen Potential ist.

Mache dir ganz klar bewusst: Die innere Priesterin dient der Schamanin, die innere Kriegerin dient der Schamanin, die innere Heilerin dient der Schamanin und auch die innere Lehrerin dient der Schamanin. Und alles, was kommt, kann von der fünften Kraft, der Schamanin selbst, gehalten werden.

Keine gereifte, weise Schamanin hat ein Zertifikat für ihre Erfahrungen und ihre Lebendigkeit. Denn das reine Sein einer Schamanin benötigt keine Worte mehr. Sie hat alles in sich selbst erfahren, integriert und erspürt. Die Schamanin ist ein vollkommener Ausdruck der großen Göttin in all ihren Aspekten, die wahrhaft vielfältig sind.

Du hast mit den vier Kräften bereits ein wenig die schamanische Sichtweise kennen gelernt. Du wurdest vertraut mit deinem Fundament, mit deinen vier Kräften, mit den vier Elementen und den vier Himmelsrichtungen. Daher möchte ich dir, mit diesem Buch, deine schamanischen Wege und Möglichkeiten eröffnen. Ich möchte dich dabei begleiten, wenn du sie gehst und ich möchte dir helfen, dich voller Freude in dein schamanisches, somit mehrdimensionales Potential hinein zu entwickeln und dich zu entfalten.

Wenn du mich brauchst, werde ich da sein, denn ich – Lady Portia - bin die Hüterin der Schwelle. Ich begleite dich auf diesem, deinem Weg und du bist mit mir verbunden, solange es deinem freien Willen entspricht.

Der Schamanismus ist die älteste Ausdrucksform des spirituellen Seins auf Gaia, in Gaia und mit Gaia. Die Schamanin kennt keine engen Grenzen. Sie kennt keine Dogmen. Im schamanischen Sein geht es um das Erlernen, das Erfassen und um das Verstehen der Energien Gaia´s, der Rhythmen, Zyklen, Kräfte, Einwirkungen und Auswirkungen.

Alles ist möglich, nichts wird moralisch verurteilt.

Schamanismus ist nichts, was in irgendeinem „Himmel" oder in irgendeiner „Hölle" stattfindet, die es nur für die Menschen gibt, die diese Orte in ihr Weltbild integriert haben. Bei der schamanischen Arbeit kannst du immer und zu jeder Zeit mit allem rechnen, in allen Welten und in allen Dimensionen.

Du weißt es ja bereits: Eine Priesterin ist immer in einer gewissen Achtsamkeit. Um mit schamanischen Praktiken zu leben und zu arbeiten, bedarf es nur einer ganz klaren Entscheidung, die du zu treffen hast.

Bist du bereit, dein ganzes Potential für Licht, Heilung, Liebe, Freude und Frieden, für dich selbst, für diese Schöpfung und für dein ganzes multidimensionales Sein einzusetzen?

Wenn du dazu aus ganzem Herzen „JA" sagen kannst, dann werden die Türen deiner Anderswelt sich dir öffnen und du wirst willkommen sein.

Sicherlich kann es sein, dass dich hin und wieder der eine oder andere Scherzbold dort erwartet. Doch diesem oder dieser darfst du getrost mit deinem unendlichen, göttlichen Humor begegnen. Solltest du diesen Humor noch nicht besitzen, dann empfehle ich dir aus ganzem Herzen, diesen zu trainieren und dir anzugewöhnen.

Du wirst vieles lernen und vieles verstehen. Vieles davon kann manches Mal weh tun. Wenn dies geschieht, dann helfen dir unendliche Güte, Selbstliebe und göttlicher Humor. So kannst du damit umgehen.

Und sollte es dir einmal als zu schwer oder zu schwierig erscheinen, dann rufe und bitte mich, mit dir zu gehen. Ich – Lady Portia - werde für dich da und mit dir sein.

Über die Möglichkeit einer sicheren schamanischen Reise, mit Start und Landeplatz, unter dem sicheren Schutz und der liebevollen Begleitung der wunderbaren Geschöpfe der Anderswelt, die dann deine Verbündeten sind und dir jederzeit beistehen, kannst du dich auf eine stabile Suche nach dir selbst begeben. Du kannst dich erforschen und dich kennen lernen. Du hast eine wunderbare Möglichkeit, dich und dein Sein zu schützen und immer wieder von belastenden Energien und Störungen zu reinigen.

Mit der Zeit kannst du beginnen an den Bändern aus Licht und Farben durch deine Inkarnationen zu reisen. Dann kannst du dir noch einmal anschauen, was du dir anschauen möchtest, damit du deine alten Kräfte und Potentiale wieder zusammen sammeln kannst.

Gehe für dich selbst davon aus, dass du eine vollkommene Tochter der Göttin bist. Gehe davon aus, dass alles was du denkst und von dem du glaubst es nicht zu können, nur etwas ist, das dir entweder genommen wurde oder etwas ist, was du, in einer anderen Zeit, aus einer irrtümlichen Einstellung der jeweiligen, zeitgeistbezogenen Bewertung heraus, nicht mehr haben wolltest. Es ist etwas, was du so zu sagen „in der Anderswelt geparkt hast“.

Irgendwo in den unendlichen Weiten der gaianischen Dimensionen und dieses Universums, wartet dieser Teil deines wunderbaren Potentiales auf dich, manchmal bereits seit unendlich langer Zeit.

Deine Verbündeten, die du im Laufe der nächsten Kapitel finden wirst, werden mit Freuden mit dir auf die Reise zu all deinen Selbsten, und zu deinen versprengten Seelenanteilen, gehen. Sie werden dir liebe- und freudvoll helfen, sie alle zu dir zurück zu holen.

Verbinde dich fest und stabil mit den Kräften des Lichtes. Triff eine ganz klare Entscheidung für dich, für deine Liebe zu dir und zu deinem ganzen Sein auf Gaia. Dann gib dir selbst ein festes Versprechen.

Formuliere dieses Versprechen für dich ganz persönlich. Dann schenke dir dein festes Gelöbnis selbst, im Einklang mit den Kräften des Lichtes und im Einklang mit deinen Verbündeten. Prüfe in dir, was du dir versprechen willst. Was wünschst du dir für dich?

Ich gebe dir ein kleines Beispiel, welches du gerne erweitern kannst.

„Ich verspreche mir und meinem ganzen wunderbarem, lichtvollen, multidimensionalem Sein ein Leben in Freude, Wohlstand, Reichtum, Gesundheit, Liebe, Kraft, Gerechtigkeit, Gelassenheit, Wahrhaftigkeit und Licht. Ich erbitte den Schutz und die liebevolle Begleitung von Lady Portia und der Kräfte des Lichtes."

Dieses Versprechen kannst du gerne genauso übernehmen. Du kannst es aber auch ebenso gerne für dich ganz persönlich umformulieren.

Wenn dein Versprechen für dich und an dich selbst stimmig ist, dann wiederhole es bitte vor jeder schamanischen Arbeit drei Mal. Danach mache dich an deine schamanische, oder auch gerne an eine andere, spirituelle Arbeit.

Die schamanischen Wege, die du finden wirst, bewegen sich alle in deinen eigenen Welten. Alles was dir begegnet, und alles was du siehst, hat auf irgendeine Art und Weise etwas mit dir zu tun. Es kann dir helfen, dich selbst durch und durch kennen zu lernen, weiter und weiter zu wachsen und in dir zu heilen.

Vieles wird dir begegnen, was mit deinen Emotionen zu tun hat, die du gewohnt bist wichtig zu nehmen. Gewöhne es dir ab. Spüre! Gewöhne dir an zu spüren, zu fühlen, zu erfahren.

Deine Emotionen erzählen dir Erlebnisse der Vergangenheit. Dein klares Spüren kann dich in dieser Gegenwart begleiten.

Es können manches Mal, auf einer Reise, erschreckende Gestalten auftauchen oder schwierige Situationen. Deine Seele und dein spirituelles Selbst sprechen immer in Bildern zu dir. So nutzt dein spirituelles Selbst dann diese Möglichkeit, dir deine alten Ängste und Situationen zu zeigen, die du dachtest schon längst vergessen zu haben.

Vielleicht hattest du als Kind große Angst vor einer Lehrerin, oder vor einem Lehrer. Du hörtest dann vielleicht als Antwort auf deine Angst nur Sätze wie: „da musst du durch, das kennen wir alle.“ Diese frühe Angst hat deine Kräfte gebunden. Solche Situationen der Angst tauchen in deinen inneren Welten als bedrohliche Wesenheiten und Absurditäten auf.

Auch kann etwas erscheinen, das einfach nur niedlich und drollig ist. Auch das hat eine Bedeutung. Denn warst du, in all deiner Kinderangst, besonders dankbar für ein wenig Zuwendung oder eine kleine Aufmerksamkeit, dann zeigt dein spirituelles Selbst dir auch das und kann dir damit eine Brücke zur Lösung aus Abhängigkeiten bauen.

Für Kinder ist es leider immer noch oft so, dass sie in Angst und Schrecken in der Erziehung heran wachsen. So werden all ihre Kräfte gebunden. Diese befinden sich dann als energetische Konglomerate in ihrem Lichtkörper. Kleine und große belastende Erlebnisse binden Energien, die normalerweise im freien Fluss, in ständiger Bewegung und im Austausch sind.

Erlebt ein Kind Zurückweisung, Ablehnung, ungerechtfertigte Maßregelung, oder gar Gewalt, dann stauen sich die frei fließenden Energien des Lichtkörpers auf und bilden etwas, was ähnlich aussieht wie ein energetisches Knäuel, ein Konglomerat. Dieses Konglomerat kann sich innerhalb der Aura befinden. In manchen belastenden Situationen kann es dadurch sogar zum Seelenverlust kommen. Teile der Seele werden dabei abgespalten, Erinnerung und Gefühl sind für das Kind nicht mehr erreichbar, und später auch nicht mehr für den erwachsenen Menschen.

Beginnst du damit, dich auf dem schamanischen Weg ganz dir selbst, völlig deiner Ganzwerdung und deiner Heilung zuzuwenden, dann wird dein spirituelles Selbst diese Gelegenheit dankbar annehmen. Du kannst vollständig auf die Selbstheilungskräfte deiner Seele vertrauen.

Nimm dir immer Liebe, Heilung und Frieden mit auf deine schamanischen Reisen. Erlaube dir in Liebe, Heilung und Frieden alles aufzulösen, was bedrohlich oder erschreckend für dich ist.

In einer normalen, geführten Meditation werden meistens die bewussten Bereiche des menschlichen Gehirns angesprochen. Aus dem reinen Selbsterhaltungstrieb des physischen Körpers heraus, wirst du Landschaften und Bilder finden, die du einfach nur schön und positiv findest. Dies ist so, weil du bei einer geführten Meditation eine Vorgabe bekommst, die dazu beitragen kann, ein verschönertes Bild der tatsächlichen Begebenheiten zu erfahren. Wenn du diese schönen Bilder erfährst, dann schüttet dein Körper entsprechende Hormone und Endorphine aus, die zu einem Hochgefühl führen können. Diese können dann zur Heilung beitragen.

Die schamanische Reise geht tiefer und weiter, wenn du dich darauf einlassen magst, dich selbst anzuschauen und kennen zu lernen. Dazu gehört absolute Ehrlichkeit dir selbst gegenüber und die Bereitschaft, dir deine eigenen Schattenseiten anzuschauen und diese zu transformieren.

Mache dir bitte deine derzeitigen Belastungen und Situationen in deinem Alltagsleben bewusst, denn alles hat seine ganz eigene Zeit. Entscheide selbstermächtigt, ob für dich gerade jetzt der richtige Zeitpunkt für den Weg einer Gaianischen Schamanin ist.

Empfindest du den Weg der gaianischen Schamanin im Augenblick eher als eine Belastung, statt einer Bereicherung, dann höre hier bitte für den Augenblick auf weiter zu lesen und lege das Buch erst Mal beiseite.

Wenn es so sein sollte, dass du es noch nicht einschätzen kannst, dann lege das Buch ebenfalls zur Seite und lies es erst dann weiter, wenn du spürst, dass jetzt die richtige Zeit für dich gekommen ist. Du hast alle Zeit, die du brauchst. Und es ist dein absolut freier Wille, wenn du dich darauf einlässt.

Mache es dir ganz bewusst, und dann entscheide dich. Werte dich selbst nicht herab, wenn du einfach noch Zeit brauchst. Erlaube niemandem, am wenigsten dir selbst, dich auf deinem Weg unter Druck zu setzen.

Mache dir ganz klar, dass Emotionen ein gigantisches Energiepotential darstellen. Je weniger du dich darauf einlässt diese an das Tageslicht zu zerren, desto mehr Energie steht dir zur Verfügung für deine ganz eigenen Wege.

Emotionen, als Energiepotential, können gelenkt werden. Die bekannteste Lenkung ist die Kompensation einer Emotion durch das Lenken auf Gebrauchsgegenstände oder Personen. Emotionen sollten aufgeräumt werden und aufgeräumt sein, damit sie sich nicht versehentlich in eine Richtung entladen, die dir nicht dienlich ist oder die du nicht wünschst.

Erlaube dir und deinen Verbündeten, dass du dir bei deinen schamanischen Reisen die Emotionen, und die dazu gehörenden Erfahrungen, anschaust, an welche die Kräfte gebunden sind, die du zurzeit brauchst. Lass jedes zwanghafte Verhalten hinsichtlich der Auflösung alter Themen und Dramen und nutze für den alltäglichen Gebrauch Verzeihensrituale.

Mit diesem Wissen löst du dich einen großen Schritt aus dem Zufallsprinzip. Du gehst einen großen Schritt hin zu dir, zu deinem ganzen Sein. Du beginnst, dich eigenverantwortlich zu fühlen, für dein Leben.

Achte darauf, dich zu zentrieren und in deiner Mitte zu bleiben. Lerne so, deine Energien zu bündeln.

Die Bereiche der Anderswelt, die du mit meiner Hilfe betreten wirst, sind deine eigenen Bereiche der Anderswelt, oder es sind neutrale Bereiche dieses Universums.

Um in die Anderswelt anderer Menschen oder Tiere zu reisen, bedarfst du einer sehr guten Ausbildung und eines stabilen Fundamentes. Betrachte das bitte nicht als Einschränkung deiner Fähigkeiten, denn es bleibt dir selbst überlassen, wie du später weiterhin auf deinem schamanischen Weg voranschreitest.

Für die Arbeit am und im Außen, im schamanischen Sinne, sind ganz besondere Sicherheitsvorkehrungen zu treffen. Daher ist es sehr wichtig, dass du dir, wenn du diesen Weg gehen möchtest, dafür eine wissende Lehrerin/Schamanin suchst, die dich dort hin begleiten, führen und notfalls auch abholen kann.

Und nun lass mich dir von deinen Verbündeten erzählen, bevor wir mit deiner ersten Reise beginnen. Auf dieser Reise wirst du deine ganz eigene „untere Welt“ kennen lernen.

Deine Verbündeten in den schamanischen Welten

Im Laufe deines ganz persönlichen Wachstums, deines Weges zu deiner in dir lebenden gaianischen Schamanin, werden deine Verbündeten zu dir kommen. Deiner ersten Verbündeten begegnest du bereits in deiner unteren Welt, wenn du beginnst, diese kennen, lieben und schützen zu lernen.

Deine Verbündeten werden dir immer in einer Tiergestalt erscheinen. Es können durchaus auch Fabelwesen sein wie Einhörner und Drachen.

Sie sind diejenigen, die alle Welten und alle Dimensionen kennen. Sie sind zutiefst verbunden mit der wunderbaren Schöpfung in all ihrer Vielfalt und Schönheit, die Gaia ist.

Die Verbündeten weisen Qualitäten auf, die du als Frau oder Mann nicht haben kannst. So kann eine Eule von Natur aus fliegen und in der Dunkelheit sehen. Eine Katze kann ohne fremde Hilfe einen Baum erklimmen, eine Maus passt durch jedes kleine Loch.

Durch den engen Kontakt zu deinen Verbündeten, wirst du mit der unendlichen Weisheit dieser Schöpfung vertraut werden. Du wirst erleben und erfahren, wie wunderbar für dich gesorgt ist.

Deine Verbündeten, die sich auf deinem Weg bei dir und für dich einfinden, tragen die unendliche Liebe Gaia´s in ihrem ganzen Sein. Sie gestalten ihr Sein und ihre Existenz zum Wohle der gesamten Schöpfung. Deine Verbündeten sind in vollkommenem Einklang mit den Dimensionen, in denen sie sich als energetische Geschöpfe der großen Göttin, und als Ausdruck dieser unendlichen Schöpferinnenkraft bewegen, leben und einbringen.

Du wirst mit der Zeit immer vertrauter mit deinen Verbündeten werden und ausreichend Gelegenheit bekommen, voller Freude über ihre wunderbaren Fähigkeiten zu staunen und zu sein.

Sie lassen sich auf dich ein. Sie lehren und schützen dich. Deine Verbündeten werden mit ihren wunderbaren Talenten unschätzbare Helferinnen und Helfer für dich sein.

Mit der Zeit wirst du erleben, wie respekt- und liebevoll sich die Ebenen der Tierverbündeten, der Engel, der Meisterinnen und Meister begegnen. In diesen Bereichen respektiert jede Energieform den Raum der anderen Energieform. Niemand ist wichtiger oder dominanter. Alle gemeinsam wirken zum Wohle des Ganzen, der Heilung und der lichtvollen Anhebung der gesamten Schöpfung.

Wenn du mit deinen Verbündeten und deinen drei Welten vertraut bist, dann mache dich mit ihnen gemeinsam auf die Suche nach deinem Krafttier. Tu dies bitte erst dann, wenn du mit allem vertraut bist. Dann suche, gemeinsam mit deinen Verbündeten, dein Krafttier voller Freude und Liebe zu dir, deinem Sein und der ganzen Schöpfung.

Lass diese Reise zu einem besonderen Fest für dich und für deine Verbündeten werden.

Du findest die schamanische Reise zu deinem Krafttier nach den Reisen zu deinen drei Welten.

Der geschützte Reiseweg der Schamanin

Als vorbereitende Maßnahmen suche dir bitte einen ruhigen und sicheren Ort drinnen oder in der freien Natur. Es ist wichtig, dass du nicht gestört wirst und sicher darin bist, die Energien, beziehungsweise dich selbst, zu halten. Je mehr du lernst, dir selbst zu helfen, je mehr du lernst, dir selbst zu vertrauen in allem, was du tust, desto weiter kannst du gehen. Du wirst in deinem ganzen Sein sicherer mit dir selbst werden. Du kannst auf diesem Weg dein höchstes Potential erreichen und entfalten.

Finde eine Musik für dich, die du liebst und magst, eine Musik die dich erfüllt und dir gut tut. Reise zu den Tönen einer Trommel. Gewöhne dich und all deine Selbste, an die Töne der Trommel, denn die Töne werden schließlich ein natürliches Signal für dein spirituelles Selbst werden.

Die tiefen Töne haben eine Verbindung zu deinen unteren Chakren. Sie sind eine wunderbare Hilfe für Stabilität und Erdung. Hohe Töne aktivieren deine oberen Chakren und tragen dich weit hinaus.

Trommeln sind eines der ältesten Instrumente der Menschheit auf dieser Erde. Rhythmische Trommelklänge und ruhige Töne können dir helfen, dich in der Anderswelt stabiler zu halten und in dem gegebenen Rhythmus mitzuschwingen, beziehungsweise dich auf diesen Rhythmus einzulassen um so in deiner Struktur und Klarheit zu bleiben.

Mit der Bezeichnung „Anderswelt“ sind alle anderen Ebenen und Dimensionen gemeint, die sich außerhalb deiner alltäglichen Wirklichkeit, alle Ebenen und Dimensionen die sich außerhalb deiner alltäglichen Wahrnehmung, befinden.

Vermischungen zwischen der Anderswelt und der Traumzeit sind, mit zunehmender Übung, möglich und es kann sein, dass du irgendwann in deiner Traumzeit, also wenn du schläfst, dich lieber in den schamanischen Ebenen deiner drei Welten aufhältst, als vollkommen losgelöst in die Traumzeit zu gleiten.

Bei den erhältlichen Trommel- CD´s, für schamanische Reisen, ist die Zeit der Reise vorgegeben. Es ist auch jeweils ein Rückholsignal mit darauf, welches für dich noch einmal ein gutes Fundament ergeben kann.

Der Rückweg von einer schamanischen Reise verläuft immer ganz genau so wie der Hinweg: Achte darauf, das du möglichst nicht plötzlich einfach „wieder da bist". Achte darauf, dass du ganz bewusst auf deiner Rückreise genau den gleichen Weg zurück gehst, den du gekommen bist.

Dies gilt für die Bereiche deiner drei Welten, und möglichst auch für alle anderen schamanischen Reisen. Lediglich in der Begleitung deiner Verbündeten kann eine Reise anders verlaufen, denn sie werden immer dafür Sorge tragen, dass du sicher, vollständig und klar wieder in das Hier und Jetzt zurück kehrst.

Manche Menschen empfinden den Zustand ihrer unteren Welt auch als eine visuelle und energetische Darstellung ihrer unteren Chakren. Sie entwickeln, über die schamanische Reise in die untere Welt, einen leichteren Zugang zu ihrem „Bauchgefühl".

Ganz bewusst bitte ich dich, dir für deine untere Welt eine Höhle, beziehungsweise einen in sich abgeschlossenen, geschützten Raum zu suchen, oder zu visualisieren. Dieser enthält einmal deinen Zugang und einen weiteren Zugang zu deiner mittleren Welt. Deine untere Welt wird bei jeder schamanischen Arbeit, die du lernst und machst, deine Basis darstellen und sollte zu jeder Zeit gut geschützt sein. Du selbst solltest dich dort rundherum wohl, geborgen und sicher fühlen und sie gerne auch als einen Ort deiner inneren Kraft und Ruhe empfinden.

Der Reiseweg der Schamanin ist nicht öffentlich, beziehungsweise sollte nicht mit anderen Personen besprochen werden. Er ist etwas, was du ganz allein für dich hast. Er ist etwas, was dich in allen möglichen Situationen deines Lebens immer wieder stabilisieren und schützen kann.

So ist es auch sehr schön, wenn du dir, wie ich bereits erwähnte, dir eine Art „schamanisches Tagebuch“ zulegst. In dieses trage all deine Erfahrungen ein. Mit den Jahren wirst du es als bereichernd und schön empfinden, dort hin und wieder einmal hinein zu schauen und dich an deine ersten Reisen zu erinnern.

Der Eingang in deine untere Welt sollte ein Eingang aus dieser Dimension, in der du dich derzeit befindest, sein. Er sollte also wirklich existieren und dir bekannt und vertraut sein.

Dies kann ein Erdloch sein, ein Höhleneingang oder auch eine Baumwurzel, die eine Öffnung enthält. Erwarte bitte nicht, dass diese Öffnung deiner menschlichen und körperlichen Größe entsprechen muss. Wichtig ist dabei nur, dass es eine Öffnung in eine andere Ebene des Seins ist, die sich dann als Zugang zu deiner unteren Welt öffnet.

So kannst du zum Beispiel auch einen Kristall als Eingang in deine untere Welt nehmen. Es sollte allerdings dein Kristall sein, also ein Kristall, der sich manifestiert in deinem jetzigen Leben befindet. Er sollte mehrere Facetten aufweisen, von der du eine Facette als deinen Ein- und Ausgang bestimmst.

Ideal ist eine schöne Bergkristallspitze, mit der du bereits energetisch vertraut und verbunden bist, die ihren Platz auf deinem ganz persönlichen Altar findet.

Du kennst ja bereits deine innere Landschaft und deine vier Kräfte. Wenn du jetzt beginnst, dich mit dem Weg der Schamanin vertraut zu machen, kannst du jederzeit, gerne und immer, deine vier Kräfte mit einbeziehen.

Der Weg der Schamanin ist ein Weg, auf dem alle Potentiale deiner vier Kräfte zum Einsatz und zur Entfaltung kommen. So werden sie mit Freuden diesen Weg mit dir gemeinsam gehen.

Eine Schamanin ist zutiefst verbunden mit den Dimensionen Gaia´s, im tiefsten Inneren und im weitesten Äußeren. Sie hat eine tiefe und liebevolle Beziehung zu allem, was Gaia ausmacht und ist.

So sind die verschiedenen Wesen, die Devas der Kristalle und der Steine, der Mineralien, der Elemente, der Mitgeschöpfe aller Art und den Bereichen der Feen bei der Schamanin herzlich willkommen.

Aus der Sichtweise der Schamanin lebten Menschen schon immer in mehreren Dimensionen gleichzeitig. Aus diesem Grunde ist die Wahrnehmung von Feen oder Engeln für sie einfach eine mehrdimensionale Wahrnehmung.

Feen und Engel sind für Menschen energetisch ähnlich, je nachdem, wie die Wahrnehmung des einzelnen Menschen ist. Feen sind seit aller Zeit die unmittelbaren Hüterinnen und Hüter dieser Schöpfung. Sie sind eng verbunden mit dem kleinen Volk, den Devas, dem Tier- und dem Pflanzenreich.

Davon abgesehen entscheiden diese Wesenheiten, ganz aus sich selbst heraus, inwieweit sie sich in die Dichte hinein manifestieren, also für das menschliche Auge sichtbar werden. Dies hat auch oft mit der jeweiligen Elementeverteilung zu tun. Viele Wesenheiten benötigen für ihre Manifestation noch eine entsprechende Luftfeuchtigkeit oder Temperatur.

Nimm deine Verbindungen so an, wie sie dir vertraut sind, mit denen du dich wohl fühlst. Bist du gerne mit dem kleinen Volk und den Feen verbunden, dann beziehe sie mit ein. Es kann einfach geschehen, dass ein Engel, eine Meisterin, oder ein Meister, auftaucht. Du wirst dann sehen und fühlen, dass sie alle in Harmonie miteinander verbunden sind. Sie wirken dann gemeinsam zum Wohle des Ganzen. Nutze dein Tagebuch für all deine Notizen. Gönne es dir, diese wunderbaren Erfahrungen aufzuschreiben und dich an ihnen zu erfreuen.

Dein ganz eigener, heiliger Raum - Dein inneres Heiligtum

Dein ganz eigener schamanischer Weg, ist ein Weg in dein Potential und in deine Kraft. Du lernst dich in deiner göttlichen Vielfalt und Schönheit kennen. So kannst du immer mehr zu der Göttin werden, deren manifestierter Ausdruck du in den Augen der großen Schöpfergöttin bist.

Du bist ihr lebendiger, verkörperter Ausdruck, und genau wie sie, bist du ein mehrdimensionales Geschöpf, ein Wesen aus Licht und Energie.

Alle diese Dimensionen, und all diese lichtvollen Bereiche deines mehrdimensionalen Selbst, erreichst du über dein spirituelles Selbst. Je weiter du auf deinem Weg zu der fünften Säule, der fünften Kraft, der Schamanin wirst, desto vertrauter wirst du mit deinem ganz eigenen heiligen Raum. Du beginnst die Vielfalt des Seins zu integrieren und in einen entsprechenden, raumgreifenden und äußeren Ausdruck zu bringen.

Innerer Frieden und tiefe innere Gelassenheit können die Ergebnisse deiner Vertrautheit mit deinem eigenen, inneren Heiligtum sein. So solltest du es dir selbst voller Begeisterung gönnen, deinem eigenen inneren Heiligtum mit Liebe, Freude und Achtung zu begegnen.

Schütze und hüte es gut, denn du bist vollkommen selbstermächtigt in deinem ganzen Sein und natürlich bist du auch vollkommen selbstverantwortlich. Tauchen in deinen schamanischen Ebenen Wesenheiten, Menschen oder andere Geschöpfe auf, die du nicht eingeladen oder dort nicht hin gebeten hast, dann sei immer wieder selbstermächtigt genug, diese liebevoll fort zu schicken. Schütze und ehre deinen eigenen heiligen. Das Vertrauen zwischen dir und deinen Verbündeten wird so weiter und weiter wachsen. Mit der Zeit werden deine eigenen schamanischen Ebenen immer klarer für dich sein und werden.

Lerne mit Hilfe deiner Verbündeten, die dir vorbehaltlos zur Seite stehen werden, dich selbst zutiefst wert zu schätzen, vollkommen deiner eigenen

Wahrnehmung zu vertrauen, und dich als lebendigen, verkörperten Ausdruck der Göttin anzuerkennen und zu lieben.

Die schamanische Reise, in deine eigenen, inneren Welten, kann dir in jeder Lebenssituation eine Hilfe und ein Beistand sein. Je weiter du in deine Selbstermächtigung hineinwächst, desto bereichernder kann diese Vorgehensweise, auf allen Ebenen, für dich werden.

Sei liebevoll, geduldig und achtsam mit dir, mit deinen inneren Welten und ganz besonders mit deinen Verbündeten. Bedanke dich immer wieder bei ihnen, für ihre unermüdliche Hilfe und ihren unermüdlichen Beistand.

Sie brauchen keine sonderbaren Versprechen oder spezielle Rituale von dir, denn sie schauen dir auf den Grund deiner Seele. Finden sie dort deine vorbehaltlose Liebe zu deinem Sein in dieser Schöpfung und zu diesem, deinem Leben, dann stehen sie dir immer liebevoll, geduldig, und hilfreich zur Seite. Deine Verbündeten bringen dir eine unendliche und unermüdliche Liebe entgegen.

Mache dir dies ganz bewusst und lies es dir gerne noch einmal durch. Dann geht es los.

Ich, Lady Portia, bin bei dir. Ich hüte deine Wege zu dir und zu deiner Schöpferinnenkraft. Sollte dich etwas beunruhigen oder irritieren, dann sei dir gewiss, dass nichts Bedrohliches dich erreichen kann.

Entdecke deine untere schamanische Welt

Gehst du auf deine erste schamanische Reise, um deine untere Welt zu entdecken und kennen zu lernen, dann lege dir eine entsprechende Trommel-CD ein (sh. Anhang für Empfehlungen). Beginne damit, dich völlig zu entspannen.

Konzentriere dich zu Beginn nur auf deinen Atem und auf deinen Körper. Zentriere dich in deinem physischen Körper.

Erst dann, wenn du dir ganz sicher bist, dich stabil beieinander zu haben, schließt du deine Augen und legst dich entspannt hin.

Deine klare Absicht, deine untere Welt zu finden, und deine Zentrierung, werden dazu führen, dass eines deiner hinteren Chakren sich weitet und dir somit die Reise aus deinem physischen Körper ermöglicht. Du gleitest in einen anderen Zustand, in eine andere Dimension.

Lass das ganz weich geschehen. Erlaube dir dabei alle Zeit der Welt. Mache nichts hektisch oder übereilt, sondern spüre ganz klar hinein, wie du sanft aus deinem physischen Körper gleitest.

Es ist so, als würdest du dich sanft nach rückwärts gleiten lassen. Sowie dein schamanisches Selbst sich von deinem physischen Körper gelöst hat, wirst du in deiner gewohnten Form sein und dich klar und sicher bewegen.

Du kennst dein Ziel, die Öffnung in der Erde oder in einem Baum, oder in einem Kristall. Begib dich ohne Umwege dort hin.

Deine klare Absicht und dein klarer Fokus führen dich. Wenn du durch diesen Zugang gehst, wird sich dir eine Öffnung präsentieren, die aussieht wie ein Tunnel in der Erde.

Dieser Tunnel kann mannigfaltig aussehen. Dies ist auf deiner ersten Reise nicht so wichtig. Du kannst ihn später so gestalten, wie es dir gefällt.

Jetzt geht es erst einmal darum, durch diesen Tunnel zu gehen mit dem Ziel, deine untere Welt zu finden.

Dort, in deiner unteren Welt, wird dich deine Verbündete bereits erwarten- Deine große Freude darauf, sie kennen zu lernen, wird dich sicher führen.

Lass alles geschehen. Gehe weiter und weiter, bis sich deine untere Welt vor dir auftut, und du sie endlich kennen lernst.

Schaue dich um in deiner unteren Welt. Wenn deine Verbündete nicht gleich zu sehen ist, dann rufe bitte nach deiner Verbündeten. Stehe fest und stabil in deiner unteren Welt und rufe klar und deutlich. Spätestens dann wird sie kommen und dich begrüßen.

Staune und freue dich, wer dich dort nun schon so lange erwartet hat. Mache dich mit deiner Verbündeten vertraut.

Nimm dir ein wenig Zeit. Frage sie nach ihrem Namen. Lerne sie kennen. Freunde dich mit ihr an.

Stelle hier nicht die Frage, warum sie dies oder das ist. Diese Frage würde sie nicht verstehen. Sie ist einfach, wer sie ist, und sie ist deine Verbündete. Sie wird für dich mit der Zeit immer wichtiger und vertrauter werden.

Von deiner CD kommt nun das Rückholsignal. Verabschiede dich jetzt für den Augenblick von ihr oder ihm, bis zu deiner nächsten Reise.

Gehe zurück durch den Tunnel, durch den du gekommen bist. Tritt durch die Öffnung wieder an das Tageslicht und begib dich ganz bewusst wieder zurück, in deinen physischen Körper hinein.

Spüre dich sicher und stabil in deinem Körper. Genieße es, ihn mit deinem ganzen Sein zu erfüllen. Atme tief ein und aus. Recke und strecke dich. Sei vollkommen zurück im Hier und Jetzt.

Schalte die Trommelmusik ab und notiere dir das soeben Erfahrene. Wenn du magst, dann beschäftige dich mit der Tierart, zu der deine Verbündete gehört. Mache dich so auch in der alltäglichen Wirklichkeit mit ihr vertraut.

Klare und immer wiederkehrende Wege sind ein Fundament der schamanischen Praxis. Sie schaffen Vertrauen und erleichtern alles Weitere. Durch die klaren Strukturen werden keine Kräfte sinnlos in einer ständigen Veränderung gebunden. Diese Kräfte stehen dir für alle anderen Aktivitäten und Eindrücke zur Verfügung.

Reise immer wieder in deine untere Welt. Erschaffe sie dir so, wie sie dir gut gefällt, so, dass du dich rundherum wohl in dir fühlst. Lerne deine untere Welt bis in den letzten Winkel kennen. Räume alles fort, was du dort nicht haben möchtest. Sei dabei absolut konsequent und klar, und achte auf deine Sicherheit.

Je genauer und achtsamer du jetzt deinen schamanischen Weg aufbaust, desto leichter und besser wird alles Weitere gehen.

So lasse dir ausreichend Zeit für deine untere Welt. Setze dich nicht unter Zeit- oder Leistungsdruck. Erst dann, wenn deine untere Welt für dich so wunderbar und stabil ist, wie du es dir wünschst, und es sich für dich durch und durch richtig und gut anfühlt, gehst du weiter.

Werde vertraut und sicher mit deiner ersten Verbündeten, und du wirst mit der Zeit sehen, dass ihr euch ohne Worte versteht.

Genieße die Zeit des vertraut Werdens mit deiner unteren Welt und mit deiner Verbündeten. Begib dich an diesen Ort, deiner absoluten Sicherheit und Geborgenheit, wann immer dir danach ist.

Reise dorthin wenn du schlafen gehst oder wenn du eine kleine Pause machst. Reise auch dorthin um einfach nur mit deiner Verbündeten zu spielen oder zu schmusen. Reise dorthin um deine Tränen zu weinen, wenn du traurig bist, oder auch, um dich einfach nur zu entspannen, weil es dir gut tut.

Gestalte alles dort so, wie es für dich vollkommen ist. Genau wie in deinen Räumen im Außen, kannst du auch hier immer mal gerne etwas verändern, wenn dir danach ist. Gestalte deine untere Welt in den Farben, die du liebst, die dich mit Freude, Kraft und Stärke erfüllen, und probiere dich aus.

Wenn dort, in deiner unteren Welt, für dich alles richtig und gut ist, dann lade deine vier Kräfte dorthin ein; deine innere Kriegerin, deine innere Lehrerin, deine innere Priesterin und deine innere Heilerin.

Besprich mit ihnen, wie es ihnen hier gefällt. Frage sie, ob sie dort sein mögen. Lege für jede von ihnen ein Symbol in deine untere Welt, denn sie werden dich weiterhin begleiten. Sie werden mit dir sein und mit dir reisen.

Sie sind deine vier Anker. Auf deinem Weg zu dir als fünfter Anker, für dein spirituelles Selbst, und für dein ganzes, lichtvolles Sein, werden sie dich immer wieder begleiten, um dir mit ihrer Liebe und ihrem jeweiligen Potential zur Seite zu stehen.

Tanze mit ihnen dort in deiner unteren Welt, lache mit ihnen, streite mit ihnen. Sei ganz mit ihnen. Sie würden weniger nicht akzeptieren, denn du bist eine ganze Frau und hast ein ganzes Potential. Sie lieben dich unerschütterlich in deinem ganzheitlichen Sein.

Gehe erst weiter durch dieses Buch, wenn du mit deiner unteren Welt vollkommen in Harmonie bist.

Deine Reise in die mittlere Welt der Schamanin

Irgendwo, nur du weißt wo, gibt es aus deiner unteren Welt einen Ausgang. Dieser Ausgang führt in deine mittlere Welt führt. Dies können eine Tür, ein Weg, eine Treppe, ein Fahrstuhl sein. Alles kann es sein, denn es ist nur dein Ausgang.

Mittlerweile kann es sein, dass du mit deiner unteren Welt so vertraut bist, dass du sie sozusagen parallel wahrnimmst, während du dies hier liest.

Vielleicht nimmst du sie nur leicht und schemenhaft wahr. Solange es für dich richtig ist, ist es genau richtig so, wie es ist.

Wenn du magst, dann unternimm jetzt eine Reise in deine untere Welt und schaue nach dem Durchgang zu deiner mittleren Welt. Wenn es ausreichend für dich ist, in der Parallelrealität zu schauen, dann mache es so.

Sei tolerant und liebevoll mit dir selbst, vertraue deiner Seele und deinem spirituellen Selbst. Du wirst es genauso wahrnehmen, wie es für dich richtig ist. Schau dir deinen Durchgang an. Wie wirkt er auf dich? Wirkt er freundlich und einladend auf dich, oder beschleicht dich Angst, ein ängstliches Gefühl, weiter zu gehen?

Schaust du jetzt in beide Wirklichkeiten? In der einen Wirklichkeit liest du dieses Buch und in der anderen Wirklichkeit siehst du deine untere Welt und schaust zu dem Durchgang in deine mittlere Welt? Und beides siehst du gleichzeitig? Siehst du auch deine Verbündete dort in der unteren Welt, die deinen Raum dort schützt und hütet?

Dann kennst du jetzt deine untere Welt und deine Verbündete wirklich gut. Du bist sicher und fest mit ihr vertraut. Du beginnst, zwei Realitäten gleichzeitig wahrzunehmen.

Damit tust du etwas, was viele Kinder „der neuen Zeit" ohne jede Übung können. Sie agieren und interagieren nahezu ständig gleichzeitig über mehrere Dimensionen. Sie verbinden diese leicht und natürlich miteinander. Daher, hab keine Sorge und erspüre, ob es auch für dich so angenehm und richtig ist. Bekommst du das Gefühl, auf diese Art deine Erdung nicht halten zu können, dann trenne die schamanischen Weg ganz klar von deiner alltäglichen Wirklichkeit. Genieße dieses Zusammenspiel und lerne deiner Wahrnehmung zu vertrauen.

Und nun gehe weiter. Schaue dir deinen Durchgang noch einmal in Ruhe an. Er lädt dich ein weiter zu gehen und deine Verbündete wird dich begleiten.

Doch bevor du dies jetzt tust, wirst du wieder alles vorbereiten für deine nächste schamanische Reise in deine mittlere Welt. Lege deine Musik auf und richte es dir sicher und bequem ein.

Nun beginne mit deiner Reise in deine untere Welt. Begrüße deine Verbündete. Dann gehe zu dem Durchgang in deine mittlere Welt. Deine Verbündete wird dich begleiten. Sie wird dich sicher führen, wenn du unsicher sein solltest. Sie wird dir helfen, deine mittlere Welt kennen zu lernen und mit ihr vertraut zu werden.

Nun bist du durch den Durchgang hindurch gegangen. Schaue dich um in deiner mittleren Welt. Hier findest du deinen wichtigsten Bereich für die Zukunft, wenn du deine weiteren schamanischen Reisen anstrebst. Dieser wunderbare Ort sollte perfekt dafür und für dich sein.

Auch hier gilt es, dass der Platz gut geschützt ist, dass hier alles so ist, wie du es magst, damit du dich entspannt und wohl fühlst. Dieser Ort muss in einer harmonischen Resonanz zu deinem Wesen sein. Du kannst auch diesen Ort jederzeit verändern, denn auch du entwickelst dich immer weiter und veränderst dich.

Jetzt, genau jetzt, schaue dir deine mittlere Welt an. Schau dich um und mache dich auch hier mit allem vertraut. Nimm jeden Gegenstand, den du dort findest, liebevoll in die Hand, zeige ihn deiner Verbündeten und lerne ihn kennen.

Ist deine mittlere Welt frei und offen? Oder ist sie ein abgeschirmter und stark geschützter Ort? Ist etwas so, dass du es nicht verstehst. Wenn es etwas gibt, das dich überrascht, dann sprich mit deiner Verbündeten darüber. Sie wird dir erklären, warum manches so ist, wie es ist. Sie wird dir eine gute Ratgeberin sein, der du vertrauen kannst.

Bewege dich ganz ruhig und sicher in deiner mittleren Welt. Sollte etwas dort sein, was du nicht haben möchtest, dann schaue es dir an und überlege, ob du es für dich brauchst und magst oder nicht.

Brauchst du es nicht, und findest auch keinen Bezug zu deinem Sein, dann schicke es fort mit deiner klaren Absicht. Gib einen Strahl aus reinem, weißem Licht darauf. Dann lasse es sich auflösen in Transformation und Heilung. Sollten noch Partikel oder Restchen zurück bleiben, dann bitte den Wind, diese fort zu tragen aus deiner mittleren Welt.

Schaue dir nun noch einmal den Durchgang zwischen deiner unteren Welt und deiner mittleren Welt an und prüfe, ob auch dort alles so ist, wie es sich für dich richtig anfühlt.

Übe das Spüren. Verlasse dich vollkommen auf das, was du spürst. Du wirst später noch vieles finden, bei dem dein Kopf versuchen wird zu begründen oder zu ergründen. Darum bringe ihm beizeiten bei, dass er hier in deinen Welten nichts zu sagen hat.

Lehre deinen rationalen Verstand der alltäglichen Wirklichkeit, dir auf deinen schamanischen Reisen nicht dazwischen zu reden. Bringe ihm bei klar und zielorientiert bei dem gewählten Thema zu bleiben und deinen Fokus zu halten. Du spürst, wenn etwas für dich nicht stimmig ist, und deine Verbündeten spüren es ebenso.

Trainiere immer weiter das Spüren, wenn du dich in deinen Welten bewegst, und achte auf die feinsten Signale. Deine Verbündete wird dich sehr genau beobachten. So kann es sein, dass sie dich auffordert, etwas selbst zu erspüren, und, dass sie dir für diesen Moment ihre Hilfe verweigert.

Nimm es an von ihr, denn sie wird alles tun, damit du dich entwickelst. Sie wird dir niemals leichtfertig deine Arbeit abnehmen, denn sie kann sich nicht für dich entwickeln. Sie ist bereits entwickelt. Sie kennt die Anderswelt. Du bist diejenige, die lernt und übt.

Fühle dich manches Mal ruhig wie ein Kind das lernt. Und wenn du magst, dann bitte dein inneres Kind hinzu. Erlaube dir, egal wie alt du im realen Leben bist, auch einmal unsicher, fragend und vorsichtig zu sein. Doch stelle immer die Anforderung an dich, wachsen und werden zu wollen, wer du wirklich bist.

Wenn du deine mittlere Welt verlässt, dann wirst du sie genau auf dem gleichen Weg verlassen, auf dem du gekommen bist. Du wirst, gemeinsam mit deiner Verbündeten, durch den Durchgang zurück gehen, und du wirst in deine untere Welt gehen. Hier verabschiede dich von deiner Verbündeten.

Gehe deinen Weg zurück durch den Tunnel, der in deine untere Welt, und auch wieder hinaus, führt. Du kehrst zurück in deine alltägliche Wirklichkeit, und kehrst nun ganz bewusst zurück in deinen Körper, spürst ihn, schlüpfst hinein und hüllst ihn ein. Recke und strecke dich. Sei ganz fest und klar im Hier und Jetzt. Schreibe deine Notizen nieder, zu deinen eben gemachten Erfahrungen und Eindrücken.

Jetzt kennst du bereits deine untere und deine mittlere Welt. Nun, wo du wieder in deiner alltäglichen Wirklichkeit bist, erinnere dich an alles, was du gesehen und kennen gelernt hast. Spüre, ob das für dich alles so gut und richtig ist.

Nimm, in sicherer Distanz, deine Zweifel, deine Ängste und deine Unsicherheiten wahr, wenn sie denn da sind. Vor allem jedoch, nimm voller Freude deine Begeisterung und Freude an, die du hoffentlich spürst. Sei stolz auf dich und gönne dir etwas Schönes.

Ganz wunderbare Dinge wie Schokolade, eine Möhre oder ein Apfel helfen dir, dich zu erden und erfreuen deine körperlichen Systeme und Vernetzungen. Auch ein Spaziergang in der freien Natur, im Licht der Sonne oder der Mondin, können dir jetzt sehr gut tun. Nimm dir diese Zeiten ganz für dich, und erfülle sie mit Dankbarkeit und Freude.

Reise nun, so oft du magst, in deine untere, und von dort aus in deine mittlere Welt. Gehe deine Wege dort in deinen Welten mit deiner Verbündeten, denn sie ist durch und durch genau das, was das Wort sagt: Sie ist deine Verbündete.

Wenn du Zeit und Muße hast in deiner mittleren Welt, dann frage deine Verbündete nach ihrem Namen. Wenn sie den Zeitpunkt für richtig hält, wird sie ihn dir sagen.

Es gibt viele Verbündete, von ebenso vielen Schamaninnen, doch jede hat einen eigenen Namen, der nur zu ihr gehört. Merke dir diesen Namen gut, schreibe ihn dir in dein Büchlein, und sprich deine Verbündete künftig mit ihrem Namen an.

Es gibt viele Adler, Panther, Hirsche usw. Durch die Kenntnis des Namens, deiner ganz eigenen Verbündeten, ist eine Verwechslung ausgeschlossen. So entsteht eine tiefe Verbindung zwischen dir und ihr.

Bei manchen Schamaninnen tauchen hin und wieder Verbündete auf, die sie bereits aus der alltäglichen Wirklichkeit kennen, die vielleicht sogar in ihrem Haushalt leben. Sollte dies bei dir geschehen, dass zum Beispiel dein Hund oder deine Katze in einer deiner inneren schamanischen Welten erscheint, dann frage sie bitte, ob ihnen ihr Aufenthalt dort Energien nimmt.

Unsere tierischen Freunde und Begleiter sind uns oftmals näher, als ein anderer Mensch es jemals sein kann. Auf Grund ihrer erhöhten Wahrnehmung erspüren sie deine tiefsten Themen.

So kann es durchaus geschehen, dass du gerade sehr traurig oder deprimiert bist. In dieser Energie möchtest du für dich eine schamanische Reise machen. Du kommst in eine deiner Welten und siehst plötzlich deine Katze, deinen Hund, dein Pferd, oder eben eines der Tiere, die mit dir in deiner alltäglichen Wirklichkeit verbunden sind oder waren.

Deine tierische Wegbegleiterin möchte dir helfen. Sie möchte dir beistehen. Sie will dich trösten, wenn sie das Gefühl hat, dass du Trost brauchst. Sicherlich freust du dich sehr, sie oder ihn zu sehen. Doch denke daran, dass auch deine tierischen Freunde ein ganz eigenes Leben haben und prüfe, ob es so gut für sie ist.

Frage sie selbst und frage, wenn du unsicher bist, deine Verbündete. Erspüre dein Gefühl dazu.

Es kann sein, dass ihr genau in diesem Augenblick einmal eine Weile zusammen sein wollt in der schamanischen Welt. Wenn ihr euch beide dabei wohl fühlt, dann ist es gut so.

Doch stellst du fest, dass es für dein Tier eine energetische Belastung sein könnte, dort bei dir zu sein, dann erkläre es ihm und bitte es, zurück zu kehren in seine alltägliche Wirklichkeit. Bleibe dabei liebevoll und gelassen. Es ist alles möglich. Wenn alle Beteiligten sich dabei wohlfühlen ist es, wie immer, genau richtig so, wie es ist.

Es kann sich auch eines deiner tierischen Freunde dort präsentieren, das bereits verstorben ist. Dann prüfe dies genauso und freue dich über die Möglichkeit, noch etwas mit ihr oder ihm besprechen zu können. Prüfe nach, ob es bereits seine spirituelle Freiheit erlangt hat, oder ob es noch irgendwie an dich oder deinen Ort gebunden ist.

Wenn es in seine spirituelle Freiheit gehen möchte, dann kannst du dort in deiner unteren oder mittleren Welt einen Lichtkanal visualisieren. Du kannst die Engel des Übergangs bitten, dieses wunderbare Geschöpf in Empfang zu nehmen und es auf seinem Weg in seine Freiheit zu begleiten.

Du kannst all diese wunderschönen und heilenden Rituale in deinen schamanischen Welten genauso machen, wie in deiner alltäglichen Wirklichkeit.

Wenn du nun dort in deiner mittleren Welt bist, dann suche oder rufe nach deiner zweiten Verbündeten. Schau dich genau um, denn du weißt nicht, was es sein wird. Es kann ein kleines, es kann ein großes Geschöpf sein. Es kann aus der Erde, es kann aus der Luft, aus dem Wasser oder aus dem Feuer kommen.

Stelle dich fest auf den Boden deiner mittleren Welt. Halte dich sicher und stabil und rufe mit fester Stimme:

Ich rufe meine Verbündete, die mich kraft- und liebevoll begleitet, die mich sicher führt durch meine schamanischen Welten.

Rufe diesen Satz dreimal. Dann warte ab, was geschieht. Hab keine Angst und freue dich auf das Geschöpf, auf das Wesen, das nun zu dir kommt von irgendwo her.

Heiße es herzlich willkommen. Stelle dich mit deinem gesamten Spüren auf dieses Wesen und auf seine Art ein.

Freue dich darüber, dass es gekommen ist. Mache dir in diesem Augenblick keine Gedanken darüber, warum es dieses oder jenes ist. Mache dich einfach mit ihr vertraut. Vor allem, nimm dir soviel Zeit, wie du erst einmal brauchst, um sie kennen zu lernen.

Sprich mit ihr, schmuse mit ihr, lache mit ihr und schaue dir an, wie deine beiden Verbündeten sich ebenfalls kennen lernen und miteinander vertraut werden.

Dann frage auch deine zweite Verbündete nach ihrem Namen.

Diese Verbündete deiner mittleren Welt weiß, dass sie dort bleiben und sein wird. Du wirst sie immer wieder dort antreffen, wenn du dich in deine mittlere Welt begibst.

Deine Verbündeten sind sehr weise Geschöpfe der Anderswelt. Sie haben sich bereit erklärt haben, mit dir zu sein, dich zu schützen und dich zu führen.

Sie kennen sich sehr gut aus in der Anderswelt. Ohne diese wunderbaren Wesen wäre eine Schamanin in den Weiten der Anderswelt verloren.

Stelle dir deine Verbündeten ruhig als Bodyguards und/oder als Reiseführer vor, mit denen du zutiefst vertraut wirst und bist. Du wirst mit der zunehmenden Erfahrung noch verstehen lernen, wie ich dies meine, und du wirst oft genug die Möglichkeit erhalten, dich für ihr, bei und mit dir sein, zu bedanken.

Wenn du dich mit deiner zweiten Verbündeten ein wenig vertraut gemacht hast, dann kehre, wieder durch die untere Welt und den Tunnel, zurück in deine alltägliche Wirklichkeit. Spüre ganz fest und sicher in deinen Körper hinein. Recke und strecke dich.

Achte auf deine stabile Erdung, und mache dir deine Notizen zu deinen heutigen Erfahrungen.

Du bist auf deinem schamanischen Weg jetzt vertraut mit deiner unteren Welt und mit deiner mittleren Welt. Du hast nun bereits mindestens zwei Verbündete, denen du bedingungslos vertrauen kannst. Du kannst sie allein durch ihren Namen jederzeit unterscheiden.

Reise nun in der Folgezeit, zu dem Klang der Trommel, immer wieder durch deine untere Welt in deine mittlere Welt. Mache dich immer vertrauter mit den Orten, den Wegen und vor allem mit deinen Verbündeten.

Erlaube der Freude und dem Vertrauen, zu wachsen und zu gedeihen. Erlaube somit, deinem schamanischen Bewusstsein sich immer mehr und mehr zu entfalten.

Wenn du vollkommen vertraut bist mit der unteren und der mittleren Welt, dann beginnt dein Weg in deine obere Welt.

Erfahre deine obere schamanische Welt

Verwechsele die obere Welt der Schamanin nicht mit dem Himmel oder mit anderen spirituellen Sichtweisen. Es geht um deine ganz persönliche, obere Welt, und das ist die schamanische Welt, in der du deine Lehrerin oder deinen Lehrer kennenlernen wirst, die absolut identisch sein können mit deiner spirituellen Führung.

Unternimm deine schamanische Reise genau so, wie du es nun bereits gewohnt bist. Du hast sicherlich schon eine gewisse Routine entwickelt.

Begrüße deine Verbündeten. Dann bitte sie, dir deinen Weg in deine obere Welt zu zeigen und mit dir dort hin zu gehen.

Vielleicht sollst du einen Baum hochklettern oder mit einer Verbündeten fliegen, um die obere Welt zu erreichen?

Nimm die Antworten deiner Verbündeten an. Lass dich voller Vertrauen darauf ein. Wie auch immer dein Weg in deine ganz eigene obere Welt aussehen mag. So wie es ist, genau so ist es für dich richtig.

Sicherlich bist du neugierig, wer dich dort bereits erwartet. Daher mache dich voller Freude, Achtung und Respekt auf den Weg dort hin.

Bleibe vollkommen in deinem spirituellen Vertrauen. Wenn du in deiner oberen Welt ankommst, dann schaue dich in aller Ruhe um. Mache dich mit den Örtlichkeiten vertraut.

Es kann sein, dass du in einer Landschaft stehst und es ist erst einmal niemand zu sehen. Bleibe ganz ruhig und warte einfach ab. Schau dich um in deiner oberen Welt. Nutze deine Zeit, um dich auch hier mit den Örtlichkeiten vertraut zu machen.

Irgendwo, an diesem Ort, wird deine Lehrerin oder dein Lehrer auf dich warten, beziehungsweise auf dich zukommen.

Du wirst sie oder ihn an der absoluten Liebe, die sie oder er ausstrahlen und in ihrem vollkommenen Licht, erkennen. Dann wirst du dich voller Freude mit ihr oder ihm vertraut machen können.

Deine Lehrerin, oder dein Lehrer ist immer für dich da. Sie oder er hat unendlich viele Antworten für dich bereit, die dir weiterhelfen können in deiner ganz persönlichen Entwicklung und auch auf deinem schamanischen Weg.

Der schamanische Weg ist so alt wie die Menschheit in ihrer Verbindung mit dieser Schöpfung, in der du bist. So kannst du auf deinem Weg Bereiche und Tiefen finden, die unendlich lange in der linearen Zeit zurück liegen.

Deine Lehrerin oder dein Lehrer, in deiner oberen Welt, wird dir dort bei allen auftauchenden Eindrücken und Themen weiterhelfen. Und es ist gut möglich, dass du mit ihr, oder mit ihm, bereits in vielen anderen Inkarnationen verbunden warst. Vielleicht waren er oder sie, zum Beispiel, einmal deine „Geistführerin oder dein Geistführer".

Wenn du deine Reisen in deine obere Welt machst, dann richte es dir dort gemeinsam mit deinen Verbündeten wunderbar, licht- und freudvoll ein, und genieße deine Zeit dort mit deiner Lehrerin, mit deinem Lehrer.

Du kannst alle Fragen stellen, die dich beschäftigen. Stelle dich auch darauf ein, dass deine Lehrerin manches Mal ein schamanisches Reinigungsritual mit dir durchführt, wenn sie wahrnimmt, dass deine Energien nicht klar genug oder durcheinander sind.

Dann weist sie dich vielleicht an, dich erst einmal unter einen Wasserfall zu stellen, oder durch heiliges und reinigendes Feuer zu gehen. Nimm ihre oder seine Anweisungen an und lass diese Reinigungen zu. Du bist danach energetisch stabiler und bringst diese schöne Energie auch wieder mit in deinen physischen Körper, in deine alltägliche Wirklichkeit.

Wenn du deinen Besuch dort beendest, oder sie erklärt ihn für beendet, weil sie sehr liebevoll und gut für dich sorgt, dann gehe deinen Weg genauso zurück, wie du ihn gekommen bist.

Denke daran, dich für all die liebevolle Zuwendung und Fürsorge zu bedanken. Kehre mit deinen Verbündeten zurück in deine mittlere Welt. Verabschiede dich von deinen Verbündeten in der jeweiligen Welt, in der sie oder er zu Hause ist. Dann kehre ganz klar und bewusst, durch die untere Welt, durch den Tunnel, zurück in deine alltägliche Wirklichkeit.

Nimm deinen Körper, ganz deutlich und voller Freude, wahr, und erfülle ihn mit all den schönen Energien, die du aus den schamanischen Welten mitgebracht hast.

Gönne dir etwas Schönes, was dein Herz und dein Sein erfreut, denn nun bist du vertraut mit deinen drei schamanischen Welten. Du wirst lernen und verstehen, dass diese Basis eine Bereicherung für all deine spirituellen Wege und Arbeiten werden und sein kann.

Nimm dir regelmäßig Zeit für dein Training und für deine wachsende Vertrautheit in dein Sein als gaianische Schamanin. Verbinde dich jederzeit mit der tiefen Liebe Gaia´s, die dich hält, trägt und führt. Vielleicht wählst du dir einen bestimmten Tag in der Woche, den du dir ganz allein für dich gönnst, um diese wunderbare Erfahrung tiefer und tiefer in dir zu integrieren.

Mit der Zeit, mit zunehmender Vertrautheit mit deinen drei Welten, können durchaus noch weitere Verbündete hinzu kommen. Und Jede/r von ihnen hat eine Gabe für dich und trägt dazu bei, energetische Defizite auszugleichen.

Taucht zum Beispiel eine Eule auf und stellt sich dir als deine Verbündete vor, dann mache dir bewusst, dass eine Eule in der Dunkelheit sehen kann. Oder lass eine kleine, süße Maus netterweise in einer deiner Welten erscheinen, dann erinnere dich daran, dass diese kleine Maus überall dort hinein passt, wo niemand sonst hinein kann.

Jedes Geschöpf hat seinen Sinn und eine Aufgabe in den schamanischen Welten. Begegnest du ihnen mit einem offenen Herzen, voller Liebe und Freude, dann werden sie dir ebenso begegnen. Sie werden dir voller Liebe und Freude auf all deinen weiteren Wegen zur Seite stehen.

Mit der Zeit wirst du dir selbst immer mehr Heilung und Wachstum zukommen lassen können. Du kannst immer leichter und freudvoller in deine tiefe und freie Spiritualität hinein wachsen.

Auf diesem, deinem Weg, werde ich – Lady Portia - immer, und zu allen Zeiten, in deiner Nähe sein. Ich werde dich begleiten und miterleben, wie du zu einer kraftvollen Schamanin erwachst, wie du in deinen Lichtkörper und in deine Multidimensionalität hinein wächst.

Gemeinsam mit dir, freue ich mich über jeden einzelnen deiner Schritte, über jede deiner Heilungen und Ganzwerdungen.

Und ich tanze mit dir den Tanz des wunderbaren Lebens, das Gaia ist.

Vertrautheit und Heilung – Hilfe zur Selbsthilfe

Du hast du nun vieles gelernt, und weiter bist du gewachsen auf deinem Weg. So beginnt für dich deine Heilung an und in dir. Mit der Vertrautheit, zu deinen ganz eigenen schamanischen Möglichkeiten, kannst du vieles für dich tun.

Deine künftigen Reisen, die nach außerhalb der drei Welten führen, beginnst du immer von deiner mittleren Welt aus, nachdem du die untere Welt wie gewohnt, gemeinsam mit deiner ersten Verbündeten, durchquert hast. So bist du wunderbar abgesichert, falls es zu energetischen Störungen kommt. Du bist in der Lage, gut für dich zu sorgen.

Auf jedem deiner Wege schaue dich bitte genau in deiner jeweiligen Welt um. Prüfe, ob alles so ist, wie du es magst, ob alles so ist, wie du dich geborgen, sicher und wohl fühlst.

Findest du etwas, in einer deiner Welten, was dort nicht hingehört, oder gar bedrohlich auf dich wirkt, dann übergib es dem heilenden und transformierenden Licht. Deine Verbündeten werden dir gerne dabei helfen.

Alsdann baue einen Lichtkanal. Bitte, wenn du magst und möchtest, Engel und/oder die lichtvollen Kräfte und deine Verbündeten hinzu. Lass das Störende oder Bedrohliche durch diesen Lichtkanal, mit der Bitte um Heilung und Transformation, gehen.

Gönne dir die wunderschöne Erfahrung, dass die Kräfte des Lichtes gerne und voller Freude, mit einer lichtvollen Schamanin und ihren Verbündeten arbeiten, helfen und heilen.

Es ist möglich, dass in dir das Gefühl einer Trennung zwischen den schamanischen Kräften und den Kräften des Lichts verborgen ist. Es ist ebenfalls möglich, dass du irgendwo in deinen Tiefen davon ausgehst, dass die Kräfte des Lichtes nicht mit Tierverbündeten harmonieren könnten. In solchen

Fällen können in dir unangenehme Empfindungen aufsteigen, wenn du eine solche Verbindung wahr nimmst.

Dann schau dort ganz genau hin und sprich mit deinen Verbündeten darüber. Dies kann ein Hinweis deiner Seele sein, dass in deinem Lichtkörper noch alte Gelübde oder Bannmagie vorhanden ist, denn unendlich vieles ist geschehen in der Geschichte der Menschheit. Jedes System, jede Kultur hat zur leichteren Steuerung und Manipulation, der in ihrem Land und Kulturbereich lebenden Menschen, auf Begrenzungen, Manipulation und Beschränkungen zurück gegriffen.

Es gibt keine Trennung zwischen den verschiedenen Ebenen des Seins. Daher ist es wunderbar, wenn du dir, beim Auftauchen einer solch „inneren Trennung", die Hintergründe anschauen, sie heilen und auflösen magst.

Jede energetische Maßnahme bekommt in den schamanischen Welten, wie auch in der Sprache der Seele, eine Form, ein Bild oder ein Symbol.

Daher kannst du nun deine erste schamanische Reise für dich selbst machen. Du kannst deine Verbündeten bitten, das Energiefeld dieses Bannes, des Beschlusses, oder des Gelübdes, mit dir gemeinsam zu suchen, es aufzulösen und zu heilen.

Gehe also ganz normal, wie du es schon gewohnt bist, in deine untere Welt. Schau dich dort um und begrüße deine Verbündete. Geht dann gemeinsam in deine mittlere Welt. Dort werden dich deine weiteren Verbündeten erwarten und sicherlich voller Freude begrüßen.

Trage ihnen deine Bitte vor. Sage ihnen zum Beispiel, dass du sie um Hilfe bei der Auflösung von Störfeldern, die sich in deinem Lichtkörper befinden, bittest. Sage ihnen ehrlich und klar, was du denkst und fühlst. Und sei dir ganz sicher, dass sie dich sehr gut verstehen werden. Sie werden dann mit dir besprechen, wie als Nächstes vorzugehen ist.

Es kann sein, dass eine deiner Verbündeten hervor tritt, weil sie den stärksten Zugang zu diesem Thema hat, und dich bittet, mit ihr auf die Reise zu gehen.

Warte einfach ab, wie viele der Verbündeten mitreisen werden. Denke immer daran, sie sind deine „Reiseführer" in den schamanischen Welten, in deinen schamanischen Welten.

Es kann sein, dass ihr fliegt. Es kann sein, dass ihr lauft, oder ihr schwimmt.

Irgendwann wirst du das Ziel dieser Reise sehen können. Dieses Ziel kann sich in vielerlei Form und Farbe darstellen. Doch egal, wie es optisch aussieht, du wirst spüren, dass es etwas Hemmendes, oder gar Schädliches ist.

Daraufhin werden deine Verbündeten dir zeigen, wie ein solches Energiefeld aufgelöst und transformiert werden kann. Sie werden dich sicherlich zur Mitarbeit auffordern und dich anleiten.

Und wenn du magst, dann bitte die Engel, die Meisterinnen und Meister, hinzu, damit auch sie dir dabei helfen können, das Störfeld vollständig aufzulösen, die gebundenen Energien zu transformieren, zu heilen und zurück an den Platz strömen zu lassen, von dem aus sie gebunden wurden, dorthin, wo sie in deinem Universum hin gehören.

So hast du jetzt gleich ein wunderbares Beispiel für eine erste schamanische Reise, und eine Hilfe zur Selbsthilfe für dich kennen gelernt.

Auf diese Weise kannst du deinen Lichtkörper auf störende Verbindungen überprüfen. Du kannst diese Störfelder auflösen, und dir selbst, natürlich mit Hilfe deiner Verbündeten, ein kraft- und lichtvolles Energiefeld aufbauen, welches dich so lange mit lichtvollen Energien versorgt, wie du es willst.

Programmiere das Energiefeld auf eine Zeitdauer von zum Beispiel einer Woche. So wirst du künftig mindestens einmal wöchentlich einen Besuch in deinen schamanischen Welten, und bei deinen Verbündeten, machen.

Gerne kannst du mit deinen Verbündeten vereinbaren, dass sie dich erinnern mögen, falls du die Erneuerung vergessen solltest. Du kannst mit ihnen ein Zeichen vereinbaren, welches dich auch in deiner alltäglichen Wirklichkeit erreicht.

Wichtig ist dann natürlich, dass du die Bedeutung des Zeichens nicht vergisst!

Du wirst vieles wiederfinden, was dir in deinen ersten Lebensjahren sehr vertraut war und später dem Vergessen anheim fiel.

Erinnere dich, wer du wirklich bist. Lass auch deine tiefen Gefühle von Angst und Schmerz ganz entspannt aufsteigen, wenn sie sich in dir zeigen. Erfreue dich gleichzeitig daran, wie deine Verbündeten dir zur Seite stehen und dich dabei begleiten, deine gebundenen Energien in lichtvolles Potential zu verwandeln.

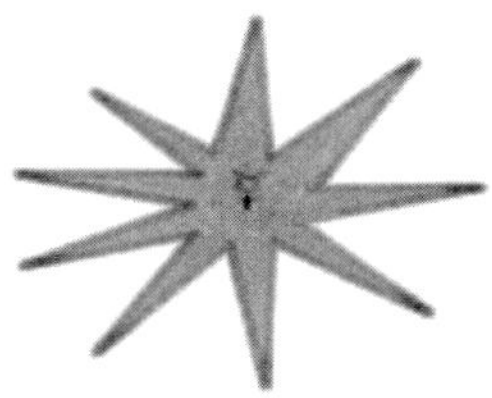

Finde und erfahre dein ganz persönliches Krafttier

In den schamanischen Bereichen ist immer wieder die Rede von dem Krafttier, das in den gaianischen, schamanischen Dimensionen eine ganz besondere Stellung einnimmt.

Dein Krafttier drückt dein Innerstes aus, dein spirituelles Selbst. Dieses kann, mit Hilfe deines eigenen Krafttieres, in seinem Ausdruck und in seiner Integration eine Verstärkung erfahren.

Dein Krafttier ist das Geschöpf, das sich, für manche Schamanen sichtbar, durch dich in dieser Schöpfung manifestiert. Es erfüllt und trägt dich mit seinen Gaben. Es stattet dich aus mit der Essenz seiner artspezifischen Kräfte. So kann zum Beispiel, wenn dein Krafttier ein Pferd ist, es mit seinen Gaben für dich zu deiner Erdung und Stabilisierung beitragen.

Du bist nun sicher und vertraut mit deinen drei Welten. Du kennst deine Lehrerin und Vertraute der oberen Welt und hast eine liebevolle Beziehung zu deinen Verbündeten entwickelt. Nun ist es an der Zeit, dein Krafttier zu finden und es endlich kennen zu lernen.

Beginne deine Reise wie gewohnt, durch deinen Tunnel in deine untere Welt. Begrüße hier deine Verbündete voller Freude und erlaube dir gerne, auch ein wenig aufgeregt zu sein.

Deine Verbündete wird sich deiner Freude gerne anschließen, oder sie begrüßt dich bereits besonders freudvoll. Dann gehe mit ihr gemeinsam weiter in deine mittlere Welt.

Dort erwarten dich bereits deine weiteren Verbündeten. Besprich mit ihnen gemeinsam, ob du zu diesem besonderen Anlass auch deine Lehrerin aus der oberen Welt mit einladen möchtest.

Begib dich in deine obere Welt. Trage deiner Lehrerin dein Anliegen vor. Sie wird sicherlich gerne mit dir in deine mittlere Welt kommen und ebenfalls voller Freude an diesem schönen Ereignis teilnehmen.

Wenn nun, alles in deiner mittleren Welt genauso ist, wie du dich geborgen und gehalten fühlst, wenn auch alle deine Verbündeten rundherum zufrieden sind, dann trage jetzt deine klare Absicht vor. Formuliere deine Absicht für dich und für deine Verbündeten und beschließe, dass du jetzt bereit bist, dein Krafttier kennen zu lernen und es zu dir zu rufen.

Deine Verbündeten werden reagieren. So kann es sein, dass eine deiner Verbündeten dir ein Signal für den Aufbruch zu einer Reise gibt. Genauso gut kann es sein, dass du dein Krafttier rufen sollst. Damit lädst du es in deine mittlere Welt ein.

Mache dies jetzt genau so, wie deine Verbündeten es dir empfehlen. Erlaube, was nun geschieht.

Dein Krafttier wird dir entgegen kommen, denn es wartet sicherlich schon sehr lange auf dich. Vielleicht sieht es für dich so aus, als ob es aus dem Nichts angeflogen, angelaufen oder auch angeschwommen käme.

Dein Krafttier wird voller Freude und mit tiefer Liebe auf dich zukommen. Du spürst sofort, mit jeder Faser deines Seins, dass es zu dir gehört.

Dies ist ein wahrhaft erhabener Moment auf deinem schamanischen Weg. Du wirst erfahren, wie all deine Verbündeten voller Respekt, liebevoll den nötigen Raum für das Erscheinen deines Krafttieres geben.

Lass nun einfach geschehen, was geschieht und genieße euer Wiederfinden und Wiedererkennen.

Lass voller Freude und Liebe zu, wenn dein Krafttier sich mit dir verbindet. Fühle, wie ihr lacht und tanzt, voller Freude und voller Glückseligkeit.

Genieße deine Zeit des Einswerdens. Genieße die Erfahrung der tiefen Verbundenheit. Nimm dir soviel Zeit, wie du magst und brauchst.

Wenn es für dich Zeit ist für heute Abschied zu nehmen, dann bedanke dich bei deinen Verbündeten und auch bei deiner Lehrerin, wenn sie anwesend war. Verabschiede dich von ihnen für heute, und gehe mit deiner verbliebenen Verbündeten wieder zurück in deine untere Welt.

Die Kraft und die Energie deines ganz persönlichen Krafttieres werden mit dir gehen. Sie werden bei dir bleiben, auch in deiner alltäglichen Wirklichkeit.

Verabschiede dich in deiner unteren Welt von deiner Verbündeten und kehre ganz bewusst, durch den Tunnel, zurück, in deine alltägliche Wirklichkeit.

Genieße und erfreue dich an den Geschenken und an dem Potential deines Krafttieres. Erlaube diesen Gaben, sich durch dich und mit dir in dieser Schöpfung zu manifestieren.

Die Harmonisierung deiner vier Kräfte in dir

Die Möglichkeit einer schamanischen Reise kann dir einen leichteren Zugang zu dem Potential und zu den Geschenken deiner vier Kräfte, deiner inneren Lehrerin, deiner inneren Priesterin, deiner inneren Heilerin und deiner inneren Kriegerin, ermöglichen.

Unternimm dazu eine schamanische Reise. Triff deine Vorbereitungen wie gewohnt; eine leise Trommel-CD, eine brennende Kerze, einen schönen und wohligen Platz für deinen Körper. Richte dir alles so ein, dass du ungestört bleibst, dich rundum wohl fühlst und lege dich ganz entspannt hin.

Überprüfe noch einmal, ob du dich so insgesamt und ganzheitlich wohl fühlst. Dann beginne mit deiner Reise in deine untere Welt.

Nimm den gewohnten Weg. Begrüße dort freudvoll deine Verbündete. Dann wandere, gemeinsam mit ihr, weiter in deine mittlere Welt, deinem so genannten Kraftplatz. Begrüße auch hier wieder voller Freude und Liebe deine Verbündeten, die sicherlich bereits auf dich warten.

Schau dich um in deinen schamanischen Welten. Vergewissere dich, dass alles gut und harmonisch ist. Sollte etwas dort sein, was dich stört oder behindert, etwas was du dort einfach nicht haben möchtest, dann lass einen Lichtkanal entstehen. Sende es fort von dir, in den Lichtkanal hinein, mit der Bitte um Heilung und Transformation.

Schau dich genau um auf deinem Kraftplatz. Überprüfe, ob dort alles gut und harmonisch ist. Wenn für dich alles passend und richtig ist, dann frage deine Verbündeten, ob sie mit dir gemeinsam deine vier Kräfte, deine vier Potentiale, einladen und begrüßen mögen.

Deine Verbündeten werden reagieren. Und du, lasse sie bitte einfach reagieren. Nun ist alles möglich und alles ist gut und richtig. Es kann sein, dass eine deiner Verbündeten sich sofort zu einem deiner Potentiale ganz besonders hingezogen fühlt, diesen holen, oder sich diesem anschließen möchte.

Es kann allerdings auch geschehen, dass eine deiner Verbündeten sich nicht einlassen möchte. Auch das bitte ich dich, zu akzeptieren.

Gerade im Umgang mit den Verbündeten der Anderswelt, wirst du oftmals erst später verstehen, wie gut und heilsam eine Reaktion ist, die vielleicht für dich im ersten Moment nicht nachvollziehbar war oder unlogisch erscheint.

Möchtest du selbst für dich einen langsamen Kontakt zu deinen vier Kräften herstellen, so teile deinen Verbündeten dies mit. Entscheidet gemeinsam, auf welche deiner vier Kräfte du dich zuerst einlassen möchtest.

Kennst du deine vier Kräfte bereits, bist bereits mit ihnen zutiefst vertraut und verbunden, dann lade sie nun, gemeinsam mit deinen Verbündeten, auf deinen Kraftplatz ein.

Sie werden prompt erscheinen, sich sicherlich gerne in Ruhe umschauen und es obliegt nun dir, sie mit deinen Verbündeten bekannt und vertraut zu machen.

Fühle dich ruhig wie eine Gastgeberin, die hier, auf ihrem Kraftplatz, eine kleine Gesellschaft eingeladen hat. Fühle dich wie eine Gastgeberin, die sich aus tiefstem Herzen wünscht, dass alle gemeinsam eine schöne Zeit miteinander verbringen.

Entscheide du ganz klar, frei von äußeren Meinungen und Einflüssen, ohne Wertung, wie du die schamanische Welt und deinen Kraftplatz gestalten und mit deinen vier Kräften in Einklang bringen möchtest. Dann lass es sich dementsprechend entwickeln und entstehen.

Alles, was du in Harmonie mit deinen Verbündeten entscheidest, ist genau so, wie ihr es entscheidet, richtig und gut.

Entspricht es deinem ganz persönlichen Rhythmus, erst einmal nur eine der vier Kräfte dorthin zu bitten, dann tue dies genau so. Bringe dich ein und schaue, wie sich deine Verbündeten und deine Kraft verhalten. Erlaube dir, aus ganzem, freiem Herzen, dich an dieser Erfahrung der Harmonisierung zu erfreuen. Lass sie gerne miteinander spielen, kuscheln oder, wenn sie es gerne wollen, auch etwas streiten oder Kräfte messen.

Alles ist richtig und gut, denn all dies ist dein Potential und deine Kraft.

Das Ziel für deine Verbündeten ist immer die Harmonisierung und die Heilung deines ganzes Seins. Daher ist alles, was zwischen deinen Verbündeten und deinen vier Kräften geschieht, genau so richtig, wie es ist.

Bevor du deine schamanische Reise beendest, frage deine Verbündeten und deine vier Kräfte, oder die eine Kraft, die du vielleicht erst einmal dazu gebeten hast, ob sie dort auf deinem Kraftplatz bleiben möchten. Frage auch, ob es für alle dort gut und angenehm ist? Richte alles so ein und lass alles so stattfinden, dass alle Beteiligten sich dort wohl fühlen.

Bedanke dich sodann bei ihnen allen und beende deine schamanische Reise, wenn du das Gefühl hast, dass du für diesen Moment alles erfahren hast. Denke daran, dass du von jeder schamanischen Reise wieder ganz bewusst zurück kehrst in deine alltägliche Wirklichkeit.

Nutze für all deine schamanischen Reisen so lange eine Trommel-CD mit Rückholsignal, wie es für dich richtig ist, selbst dann, wenn dies für dein ganzes Leben gelten sollte.

Setze dich in keiner Weise unter Leistungs- oder Wertungsdruck.

Eine Schamanin kann nur dann eine gute Schamanin sein, wenn sie sich selbst vollkommen angenommen und akzeptiert hat. Das Leben selbst bietet jeder Schamanin genügend Veränderungen und Herausforderungen. Diesen kannst du viel bewusster begegnen, wenn du mit dir selbst klar und mit deinem Sein im Reinen bist.

Nimm dir immer soviel Zeit, wie du brauchst. Binde die Harmonisierung deiner vier Kräfte mit deinen Verbündeten in deine wöchentliche schamanische Reise ein.

Auf diese Weise wird sich nach einiger Zeit sicherlich eine deiner Verbündeten mit einer deiner vier Kräfte in Einklang gebracht haben. Sie kann dir sodann, bei der Integration und der Heilung der jeweiligen Kraft, eine unschätzbare Hilfe werden.

An einem kleinen Beispiel, der Heilung einer der vier Kräfte mit Hilfe der Verbündeten, möchte ich dir einmal erklären und zeigen, auf welche Art eine solche Heilung erfolgen kann.

Eine innere Priesterin ist energiearm und voller Angst, schüchtern und zurückhaltend. Sie erscheint in deiner inneren Landschaft und schaut sich furchtsam um. Der Anblick deiner Verbündeten erschreckt sie, sie weicht furchtsam zurück, sucht vielleicht sogar eine Möglichkeit, sich zu verstecken.

Nun ist sicherlich auch eine sanfte und liebevolle Verbündete dabei. Diese wird jetzt hervor treten und mit der inneren Priesterin Kontakt aufnehmen.

Es ist vielleicht ein kleines, flinkes Eichhörnchen voller Charme und Lebensfreude. Und so beginnt dieses Eichhörnchen, sich possierlich in die Nähe der inneren Priesterin zu setzen. Und es beginnt eine sanfte, freundliche Unterhaltung mit ihr.

Alle Verbündeten sind immer einfühlsam und geduldig, doch werden mit manchen Verbündeten bestimmte Erfahrungen und Themen assoziiert. Bis jetzt ist ja noch nicht bekannt, warum die innere Priesterin so energiearm und voller Angst ist.

Also wird in der ganzen nächsten Zeit, und vielleicht auch bis zur abschließenden Integration der inneren Priesterin, das Eichhörnchen diese begleiten und ihre liebste Gesellschaft sein. Es ist nicht notwendig, dass du nun die ganze Zeit in der Anderswelt weilst. Wenn du das Fundament stabil und gut gebaut hast, dann werden der Kräftezuwachs und die Integration in der Anderswelt auch dann weiter gehen, wenn dein Bewusstsein in der alltäglichen Wirklichkeit ist.

So können sich deine Verbündeten, und deine vier Kräfte, in aller Ruhe zusammen finden, miteinander lernen, lachen, tanzen, feiern und Lebensfreude und neue Kraft entwickeln.

Auch ist es schön, wenn du deine Verbündeten und deine vier Kräfte befragst, welcher Edelstein symbolisch für jede deiner vier Kräfte, und auch für jede deiner Verbündeten, steht. Wunderschön ist es, wenn du dir sodann die entsprechenden Steine besorgst, diese auf deinen Altar legst, oder dir, wenn du magst, eine Kette daraus machst.

Alle Symbole, die dir etwas bedeuten, sind dafür geeignet.

Es gibt unendlich viele Möglichkeiten um für deine alltägliche Wirklichkeit eine Brücke zu deinem schamanischen Sein, und zu deinen vier Kräften, herzustellen. So kannst du diese Energien, durch für dich passende Symbole, stabilisieren und integrieren.

Erlaube deiner ganz eigenen Kreativität dich dabei zu führen und zu leiten. Gestalte diese Symbolik mit der ganzen Freude deines Herzens.

Deine Verbündeten werden nun zu jeder Zeit gerne mit deinen vier Potentialen, beziehungsweise deinen vier Kräften, zusammen wirken und arbeiten.

Kräfte sammeln – Genesung von Verletzungen und Erfahrungen

Hast du zum Beispiel die Erfahrung gemacht, dass es deiner inneren Lehrerin nicht gut geht, sie voll von Ängsten ist usw., dann bitte deine Verbündeten, liebevoll und voller Vertrauen, dich bei der Heilungsarbeit für deine innere Lehrerin zu unterstützen.

Dies betrifft nun natürlich alle deine Potentiale. Sicherlich kannst du jederzeit mit ihnen kommunizieren, und auch wunderbar all das für ihre Heilung und Ganzwerdung einsetzen, was du bereits in deiner alltäglichen Wirklichkeit praktizierst, wenn du etwas praktizierst.

In der unendlich langen Zeit der Menschheitsgeschichte sind, durch Rituale und Bannmagie, unendlich viele dunkle Netze entstanden.

So tauchen, insbesondere im schamanischen Bereich der Frauen, oftmals eine schwer verletzte Priesterin, eine verängstigte Heilerin, eine vollkommen schweigsame Lehrerin und eine resignierte Kriegerin auf.

Beziehe diese Begriffe jetzt bitte nicht wortwörtlich auf dich, sie sollen lediglich als Beispiel dienen. Achte sanft auf deine Resonanzen.

Solltest du eine innere Resonanz zu den nun folgenden Themen verspüren, dann nimm sie mit Gelassenheit und Freude. Sag „Danke" zu dir selbst. Bedanke dich für dein feines Spüren. Sieh es als eine wunderbare Möglichkeit an wieder und weiter zu wachsen und tiefer zu heilen in dein ganz eigenes, unendliches Potential, in deine eigene Mehrdimensionalität.

Du selbst bist viel mehr, als du in deiner alltäglichen Wirklichkeit ahnst. Die schamanischen Wege reichen dir, gemeinsam mit deinen vier Kräften, die Hände.

Nimm nur einmal die Geschichte des Weiblichen in einem priesterlichen Kontext und finde heraus, was das Priesterinnen-Sein in den vergangenen Kulturen mit sich brachte.

Denke daran, nichts zu glorifizieren, sondern behalte ganz klar in deinem Inneren, dass es um die Heilung und die harmonische Integration dieser wunderbaren Kraft geht.

Die Darstellungen einer Isis-Priesterin, für das Außen, haben wenig zu tun mit dem tatsächlichen Leben einer Isis-Priesterin. Ein derartiges Leben bedeutete für das Mädchen, das bereits in jungen Jahren im Tempel abgegeben wurde, ein Leben der Konzentration und der Kontemplation. Und kaum eines der Mädchen hatte sich freiwillig dafür entschieden ein Priesterinnen-Leben zu führen. Es verbrachte ihr Leben im Tempel, streng reglementiert und eingeengt in die jeweiligen Strukturen.

Gehe genauso vor mit der Kraft der Kriegerin, der Kraft der Heilerin und auch der Kraft der Lehrerin. Lerne die schönsten und wunderbarsten Potentiale deiner vier Kräfte kennen. Dann hilf dir und ihnen, gemeinsam mit deinen Verbündeten, die alten Verletzungen, Gelübde, Ängste und Erfahrungen zu verarbeiten und zu heilen.

Mache dich auf diesem Wege mit der Geschichte und dem wunderbaren Potential der weiblichen Kraft vertraut. Bist du männlich, dann gehe genauso liebe- und freudvoll mit deinem männlichen Potential vor.

Setze dich bewusst mit der jeweiligen Geschichte der Menschheit auseinander, somit mit dem kollektiven Unterbewusstsein, und dem unendlichen Wissen, das Gaia selbst ist.

Immer dann, wenn du das Gefühl hast, dass ein tiefer Schmerz dich zerreißt, ein Meer von Tränen sich seinen Weg aus deiner Seele bahnt, verbinde dich mit der Schöpfung und mit all den Mitgeschöpfen. Rufe deine Verbündeten und verbinde dich fest und sicher mit der Erde unter deinen Füssen, die Gaia ist.

Gaia weiß um alles, was je geschah. Und ebenso, wie es in dir gespeichert ist, ist es in ihr gespeichert. Gaia wird mit dir lachen, mit dir weinen, mit dir heilen. So wie du lichter und strahlender wirst, wird Gaia lichter und strahlender werden.

Gönne dir für dich selbst, und für dein ganzes Sein, hinein zu schauen in deinen tiefen Schmerz, denn in deinem tiefsten Schmerz findest du die tiefste Liebe Gaia's zu dir und zu deinem ganzen Sein. Dort findest du deine tiefste Verbundenheit und auch deine Gründe, weshalb du immer wieder zu ihr zurück gekehrt bist. Dann lass ihre unendliche Kraft, ihre Güte und ihre Liebe durch alle deine Körper fluten.

Lade auch hierzu deine Verbündeten und deine vier Kräfte ein. Tanze mit ihnen den Tanz deines Lebens. Singe mit ihnen das Lied all deiner Leben, aller deiner Potentiale und all der unendlichen Liebe, die du in Wahrheit bist.

Wenn deine innere Priesterin schreckhaft und ängstlich ist, weil sie soviel getragen und ertragen hat, dann bitte deine Verbündeten, dir bei ihrer Heilung zu helfen. Sie werden deinen Wunsch liebe- und freudvoll erfüllen.

Ich bleibe jetzt bei dem Beispiel deiner inneren Priesterin und bitte dich, dieses Beispiel, und diese Art der schamanischen Reise und Heilungsarbeit, für alle vier Kräfte in dir einzusetzen.

Meditation: Heilung und Integration deines Lichtpotentials

Gehe wie gewohnt durch deine untere Welt auf deinen Kraftplatz in deiner mittleren Welt. Begrüße deine Verbündeten.

Rufe deine vier Kräfte hinzu, wenn sie nicht bereits anwesend sind. Dann besprich mit allen gemeinsam, dass du gerne alles dazu tun möchtest, damit deine innere Priesterin heilen und erstarken kann.

Sage ihnen alles genauso, wie es aus deinem Herzen kommt. Du kannst dabei lachen oder weinen. Du kannst auf und ab gehen oder sitzen. All dies können deine Verbündeten wunderbar annehmen, denn sie werden sehr genau verstehen, was du meinst und was dein tiefes, inneres Anliegen ist.

Es kann auch sein, dass du irgendwo ein helles, fliederfarbenes Licht siehst. Dann nimm dies einfach zur Kenntnis und wenn du magst, dann freue dich darüber, denn nun weißt du, das ich – Lady Portia - bei dir bin.

Wenn du deinen Verbündeten alles erzählt und erklärt hast, was du auf dem Herzen hast, was dein Anliegen ist, dann werden sie sich eventuell einen Moment miteinander beraten. Vielleicht reagiert aber auch eine deiner Verbündeten sofort und fordert dich auf, mit ihr zu kommen.

Folge dieser Bitte voller Vertrauen. Und denke immer daran, es ist deine Verbündete. Sie wird alles tun was sie tun kann, damit es dir gut geht.

Und nun kann es sein, dass du deiner Verbündeten durch Wälder und Wiesen folgen musst, oder du reitest auf ihr oder, wenn sie ein fliegendes Geschöpf ist, kann es sein, dass sie mit dir fliegt.

Sie wird sich mit dir dorthin begeben, wo die gebundenen Kräfte deiner Priesterin zu finden sind. Es kann auch gut möglich sein, dass weitere Verbündete euch begleiten.

Denke immer daran: deine Verbündeten wissen um die Regeln und um die Orte der Anderswelt. Vertraue dich ihnen an.

So kann es sein, dass ihr an ein Gewässer kommt, eine der Verbündeten taucht mit dir hinab. Ihr findet auf dem Grund des Gewässers ein Gefäß, welches du öffnen sollst, wenn ihr wieder auf dem Trockenen seid. In diesem Gefäß ist dann vielleicht gebundene Energie oder ein Symbol. Es kann ebenfalls so sein, dass die Energie deiner Priesterin durch ein Symbol gebunden und in diesem See versenkt wurde.

Bringe nun das, was du gefunden hast, was ihr gefunden habt, zurück auf deinen Kraftplatz. Hier übergib es deiner inneren Priesterin. Vielleicht sollst du es auch der inneren Heilerin übergeben, damit diese der Priesterin hilft, die nun frei werdenden Energien wieder in Empfang zu nehmen und zu integrieren.

Sei dir sicher, für den Fall, dass diese Energie noch in irgendeiner Form mit einem der dunklen Netze verbunden ist, wird eine deiner Verbündeten reagieren. Überlasse es deiner Verbündeten, wie sie reagiert, denn sie hat ein klares Unterscheidungsvermögen. Sie weiß sehr genau um die Kräfte, die sie einsetzen muss und darf, um diese Energie in ihr strahlendstes und lichtvollstes Potential zu transformieren.

Die Integration des Potentials deiner inneren Priesterin wird dort, auf deinem Kraftplatz, stattfinden. So kann dann endlich wieder ein Schritt zur Ganzwerdung getan werden.

Schau du, inwieweit du selbst dort noch etwas zu tun hast. Es kann gut möglich sein, dass du noch eine Zeit bei deiner inneren Priesterin bleiben möchtest um mit ihr zu reden, oder um sie einfach nur in deinen Armen zu halten.

Du wirst wissen, wann es an der Zeit ist zu gehen. Wenn dieser Zeitpunkt gekommen ist. Dann bedanke dich bei allen Anwesenden auf deinem Kraftplatz. Verabschiede dich, gehe wieder zurück in deine untere Welt, von der aus du ganz bewusst in deinen physischen Körper, in deine alltägliche Wirklichkeit, zurück kehrst.

Mache dir deine Notizen und freue dich an deinen Erfahrungen und Fortschritten.

Auflösung gebundener Energien

Eine weitere Möglichkeit der schamanischen Reise, in die eigenen multidimensionalen Welten der Anderswelt, ist die Auflösung gebundener Energien. Wie Maha Cohan in seinem Buch, „Quantensprung im Wandel der Zeit“ (sh. Anhang) erklärt hat, wurden im Laufe der Menschheitsgeschichte, aus vielerlei Gründen, unendliche Schichten von „dunklen Netzen“ gezogen. Diese dunklen Netze bestehen aus, durch Rituale und Bannmagie, gebundenen Energien.

Wenn du dich auf den Weg in deine eigene Kraft gemacht hast, ist die schamanische Reise eine gute Möglichkeit, auf diesem Wege deine persönlichen Verbindungen und Verhaftungen, sowie dein Gebunden sein zu lösen und zu transformieren.

In allen Welten, die mit Gaia verbunden sind, die zu Gaia gehören, geht es immer um das Wirken der Kräfte. Es war immer der Einsatz des jeweiligen Potentials, das immer stärker sein musste, als das vermeintliche Gegenpotential. So baute ein politisches Gefüge der Vergangenheit Machtstrukturen mit Intrigen und Gewaltbereitschaft auf. Das benachbarte politische Gefüge baute aus seiner Sicht noch bessere Intrigen und Gewaltbereitschaft auf. Und so gingen die Menschen in jedem dieser Systeme davon aus, besser und oftmals auch sicherer zu sein, als die Menschen des anderen Systems.

Es entwickelten sich bestimmte Strukturen und Regeln, die darauf basierten, dass die Menschen sich systementsprechend verhalten. So wurden immer mehr energetische Kräfte aufgewandt, um die Machtstrukturen zu stabilisieren. Auf diese Weise entstand ein dunkles Netz nach dem anderen, beziehungsweise auf dem anderen.

Diese dunklen Netze wirken bis heute. Sie können, wenn du es zulässt, die Entwicklung deiner eigenen Spiritualität, deines eigenen göttlichen Seins, verhindern. Sananda hat dir und der Menschheit die Wege aufgezeigt, zu wachsen und zu heilen. Er hat die Möglichkeiten vermittelt, das eigene göttliche Licht erstrahlen zu lassen. (sh. Anhang Tatort Jesus)

Du hast jetzt die Möglichkeit auf eine schamanische Reise zu gehen. Du kannst jetzt, mit der liebevollen Hilfe deiner Verbündeten, nach etwaigen energetischen Bindungen und Verbindungen zu suchen. Du kannst diese jetzt für die Transformation auflösen.

Bei deinen schamanischen Reisen sind zu jeder Zeit dein Einfallsreichtum und deine absolute Ehrlichkeit gefragt. Darum stelle bitte jede deiner schamanischen Reisen unter die Obhut des Lichtes und der Liebe, damit du nicht unwissentlich, vor lauter Eifer und Begeisterung, etwas tust, was für einen anderen Menschen, oder für ein anderes Geschöpf, hinderlich oder störend sein kann.

Übertriebener Leistungsdruck und Ehrgeiz gehören nicht in die spirituellen Bereiche. Hier ist ein ständiges Abwägen der Zeitpunkte und des jeweiligen Einsatzes erforderlich.

Da jede der schamanischen Reisen unter dem Schutz und der Begleitung der weißen Schwestern- und Bruderschaft statt findet, in vollkommener Harmonie mit den Hütern der Anderswelt, erhältst du sofort einen Hinweis, wenn etwas „über das Ziel hinaus schießt", oder wenn du noch einmal über irgendetwas nachdenken solltest.

Alles, was du in diesem Bereich tust, sollte zu deinem Wohl, zum Wohle des Ganzen und für den inneren und äußeren Frieden getan werden. Jedes Potential, welches bei dir und für dich transformiert wird und heilt, trägt zur Transformation und zur Heilung der ganzen Schöpfung bei.

Und nun begib dich auf deine schamanische Reise, wie du es nun schon gewohnt bist. Trage deinen Verbündeten, und deinen vier Kräften, dein Anliegen vor. Erkläre ihnen, dass du alle dunklen Netze auflösen und transformieren möchtest, mit denen du verbunden bist.

Sage ihnen, dass du all deine Energien, dein ganzes Sein, in ihrer Reinheit und Schönheit wieder zur Verfügung haben möchtest, die dein göttliches Sein ausmacht. Sage ihnen, dass du wieder zu dem wunderbaren, lichtvollen und heilen Geschöpf werden möchtest, das du ursprünglich bist und warst.

Und sage ihnen auch dazu, dass du gerne mehrere Reisen mit ihnen machst zu diesem Thema, wenn eine Reise nicht ausreichend sein sollte, weil es zu einer energetischen Überlastung führen könnte. Du hast alle Zeit dieser Welt, denn was in unendlich langer Zeit gebunden wurde, muss nun nicht schlagartig frei und transformiert zu werden. Auch hier ist manchmal weniger mehr.

Denke daran, dass auch die spirituelle Gier eben einfach eine Form der Gier ist. Und nun schaue, was deine Verbündeten dazu sagen. Nimm wahr, auf welche Reise sie mit dir gehen.

Lass dich ein auf alles, was ihr findet. Rufe gern die Erz-Engel dazu, mit ihren wunderbaren Kräften. Insbesondere Erz-Engel Michael wird gerne, gemeinsam mit deinen Verbündeten, all die Bereiche der dunklen Netze, mit denen du in irgendeiner Form verbunden oder gebunden bist, lösen. Er wird die gebundenen Energien zur Transformation an die Kräfte des Lichtes und an die Kräfte der Engel weiter leiten.

Manchmal sieht es aus, als wenn aus einem dunklen Feld ein glitzerndes, regenbogenfarbenes Licht heraus sprudelt und das gesamte dunkle Feld sich in einem Farbenspiel der Energien auflöst. Lass diese Energien immer erst zu den Engeln strömen. Bitte diese, aus ganzem Herzen, diese Energien zu dir zurückfließen zu lassen, wenn sie vollständig zu deinem Wohl, dem Wohle der anderen Beteiligten und zum Wohle der gesamten Schöpfung transformiert sind.

Auch kann es sein, dass Energien anderer Menschen oder Tiere gemeinsam mit deinen Energien gebunden wurden. Bitte in solchen Fällen die Engel darum, auch die fremden Energien, die nun mit deinen Energien frei wurden, vollständig zu transformieren und dann mit ihnen so zu verfahren, wie es aus ihrer universellen, lichtvollen Sicht gut und angebracht ist für die dazugehörende Person, oder das dazugehörende Mitgeschöpf.

Deine Verbündeten sind hierfür nicht die richtigen Ansprechpartner, denn sie sind genau *deine* Verbündeten. Sie setzen ihr ganzes Potential vorbehaltlos für dich und für dein Wohlergehen ein.

Du kannst nicht wissen, wie es den anderen Beteiligten geht, mit denen du verbunden warst, die du oftmals gar nicht kennst, in diesem Leben und in dieser Zeit. Alle Menschen haben die Möglichkeit ihren freien Willen zu nutzen. Wenn du diese Aufgabe an die Engel abgibst, stellst du sicher, dass du nicht in das Leben eines anderen Menschen eingreifst, und nichts manipulierst.

Sei dir gewiss, dass die Engel sehr achtsam mit diesen Energien sein werden. Und sollte dieser Mensch, den du gar nicht kennst, irgendwann einmal die Engel um Hilfe bitten, dann kann es gut sein, dass sie ihm diese geheilten und transformierten Energien zufließen lassen, wenn sie in ihrer unendlichen, universellen Liebe alles als vollkommen richtig ansehen.

Du hast dann etwas getan, wofür dir niemand Danke sagen wird. Und doch: Du hast unendlich wohl getan.

Das, was als schamanisches Arbeiten bezeichnet wird, hat immer ganz klare, Gaia´s Dimensionen angepasste, Strukturen. Es dient immer dem Wohl und der Heilung des Ganzen. Nichts kann in dieser wunderbaren Schöpfung, die Gaia ist, ohne dass andere gesehen werden. So steht alles auf irgendeine Art und Weise, über irgendwelche Brücken, miteinander in Verbindung.

Die energetischen dunklen Netze auf Gaia

Die dunklen Netze wurden teilweise tief in Gaia`s Körper verankert Sie wurden oftmals durch die Dimensionen gezogen und gesponnen. Besonders viele dieser dunklen Netze wurden gewoben, um die weibliche Kraft, die Gaia selbst ebenfalls ist, zu binden und zu schwächen.

Frauen wurde seit langer Zeit ein Opferdasein auferlegt. Tief in ihrem Unbewussten, sitzen die grausamen Schlüssel geopfert zu werden und ein Opfer zu sein.

Schaue einmal durch die Mythen und Märchen. Du wirst immer und immer wieder auf Rituale und Geschichten stoßen, in denen Mädchen, eine Jungfrau, eine Mutter, und Frauen ganz allgemein, geopfert werden.

In vielen Kulturen wurde sehr richtig gesehen, das Gaia weiblich und ein wunderbares Potential der Schöpferinnenkraft ist. Daher glaubten Menschen lange Zeit, dass die Opferung einer Jungfrau oder eines Mädchens zu ihrem Vorteil wirken würde.

Es wurden dunkle Gottheiten angebetet, die für ihre Gnade ein Kinder- oder ein Mädchenopfer verlangten; so jedenfalls die Interpretation der jeweiligen Priester und die Überlieferungen. Aus diesem Grund weiß heute in der Menschheit niemand mehr zu sagen, ob es die merkwürdigen Priester waren, die ein Mädchen- oder Jungfrauenopfer wollten, oder ob tatsächlich eine derartige Wesenheit dahinter stand, die sich durch solch einen lebensfeindlichen und brutalen Machtanspruch ausdrückte.

Eine lichtvolle Göttin, oder ein lichtvoller Gott, benötigen für ihre Liebe keine Opfer. Doch gibt es in vielen Bereichen die freundliche Gabe, zu bestimmten Mondphasen oder entsprechenden Feiern, an die Natur. Dies ist kein Opfer im klassischen Sinne. Es ist ein Symbol des Dankes und der Verbundenheit.

Gaia befindet sich in einem unendlichen Universum. Je weiter und tiefer du forschst, welche Götter jeweils hinter einem System positioniert wurden, oder sich dort positioniert haben, desto klarer und weiser wird deine schamanische Sichtweise. Nimm nicht einfach nur zur Kenntnis, was du über vergangene Kulturen liest oder findest. Achte auch ganz genau auf die kleinsten Reaktionen deines Lichtkörpers und deiner Chakren.

Fühlst du dich mit einer der vergangenen Kulturen besonders eng verbunden, dann schaue ganz genau hin, warum du dich mit dieser Kultur verbunden und ihr nah fühlst. Prüfe auch hier ganz sachlich die Hintergründe, mit denen diese Kultur geführt und gehalten wurde.

Machtansprüche wurden in vielen Kulturen über Gewaltanwendung, gegenüber den Clans und den Familien, durchgesetzt. In den Netzen der Angst, die von den jeweiligen Systemen gezogen wurden, waren all die Menschen erleichtert und froh, die nicht als „heiliges Opfer" ausersehen wurden. So entstanden dann wiederum viele Kulte, die genau diejenigen, die zur Opferung vorgesehen waren, mit Prunk und Juwelen überhäuften, immer mit dem Argument, dass es ja schließlich eine Auszeichnung sei, für das Wohl-ergehen der Allgemeinheit als Opfer zu dienen.

Das Bewusstsein der betroffenen Menschen wurde soweit manipuliert, dass sie oft selbst davon ausgingen, es sei eine Ehre und eine Auszeichnung, für die Gemeinschaft geopfert zu werden.

Daher schlummert in manch einer Seele, bis heute, ein derartiger Schlüssel, der nur leicht angetickt werden braucht, und der betreffende Mensch nimmt das Opfer des eigenen Seins ruhig und friedlich als Teil seines Lebens hin. Dieser Mensch kommt gar nicht erst auf den Gedanken, dass auch sie oder er lebendiger und freudvoller Ausdruck der großen Göttin sein könnte. Er hat es längst vergessen, dass er oder sie mit der eigenen Freude, und dem ganz eigenen Licht, einen wunderbaren Beitrag zur ganzheitlichen Heilung erst einmal seiner oder ihrer selbst, und damit auch für die Schöpfung, sein könnte.

Viele von solchen Aktionen und Schriften sind auch heute noch, allerdings erheblich subtiler aufgebaut, zu finden. Sie begleiten auch die heutige Menschheit in ihrer Entwicklung.

Jede Institution kann nur so gut sein, wie die Menschen die sie führen und wie die Menschen, die sich führen lassen. Unendlich viele Menschen, die nicht bereit sind in ihre Eigenverantwortung und in ihre Selbstermächtigung zu gehen, ermöglichen einem entsprechenden System zu existieren.

Oftmals erscheint ein System lange Zeit als sinnvoll und gut. Viele Menschen haben ein tiefes, inneres Bedürfnis in einem System aufgehoben und geborgen zu sein. Sie übertragen dann dem jeweiligen System die Mutter-, beziehungsweise die Vaterrolle.

Der Weg in die ganz eigene Spiritualität ist ein Weg in die vollkommene Selbstermächtigung. Dieser Weg beinhaltet, sich ganz allein als Individuum, mit allem ausgestattet was zum Menschsein gehört, wahr zu nehmen und die absolute Selbstverantwortung zu übernehmen. Niemand ist mehr nötig, welche oder welcher die entsprechende Rolle übernimmt. Damit beginnt die Loslösung vom „Opferdasein“.

Zu dem eigenen Leben JA zu sagen, es anzunehmen, als eine Reise durch die Zeit und die Dimensionen, und sich auf den Weg zu dem ganz eigenen, göttlichen Potential zu machen, ist ein Weg, in die absolute Eigenverantwortung und Selbstermächtigung.

Weder die große Schöpfergöttin noch der licht- und liebevolle Gott verlangen Opfer oder nähren sich in irgendeiner Weise von Opfergaben. So kannst du all diese Geschichten über „Opfer“ und „Opferdasein“ immer mit dem Grundgedanken prüfen, wer sich denn nun wirklich von diesen Opfern ernährt oder Interesse daran haben könnte, diese Thesen aufrecht zu erhalten und einen Vorteil davon hat.

Stellst du fest, wer letzten Endes den Nutzen davon hat, und findest es für dich richtig und gut so, dann lebe dein Leben genauso, wie du es richtig findest. Nur beklage dich dann auch nicht und stelle dich weder im Inneren noch im Außen als Opfer dar.

Sollten sich in dir tiefe Gefühle, geopfert zu werden oder des Opferdaseins, bemerkbar machen, dann setze dich mit ihnen auseinander. Besprich dieses Thema, im Zuge einer schamanischen Reise, mit deinen Verbündeten. Gerne und jederzeit werden deine Verbündeten mit dir darüber sprechen. Sie werden dir weise Wege zu deiner Ganzwerdung und Lösungen unterbreiten.

Viele Lösungen liegen im Loslassen. Alte Grundsätze, Gelübde und Erfahrungen, manchmal auch Beziehungen und Kontakte, können freier und leichter werden, wenn energetische Verbindungen getrennt und losgelassen werden. Hintergründe aufdecken zu wollen, oder in dieser Zeit noch unbedingt Recht haben zu wollen, was nun richtig oder falsch gewesen sei, kann Energien binden und entsprechende Verbindungen energetischer Art erschaffen und festhalten

Vieles ist geschehen in der Vergangenheit und manch alter Grundsatz, der auf einer vergangenen Erfahrung beruht, hält dich heute noch energetisch in engen oder starren Strukturen, und viele dieser Grundsätze haben ihre Basis in den vergangenen Kulturen und Religionen.
Über die Hintergründe von Religionen und spirituellen Anbindungen wollen auch deine Verbündeten sicherlich nichts weiter wissen, denn sie folgen dem allumfassenden göttlichen Prinzip. Sie sind, wer sie sind. In ihren Welten leben sie in der spirituellen Freiheit und nach den kosmischen Regeln, sich selbst klar zu erkennen. Sie agieren entsprechend ihrer eigenen Fähigkeiten.

Sie wissen, dass für alles gesorgt ist. Sie kennen weder Gefühle des Mangels noch Gefühle der Gier. Die Verbündeten folgen den kosmischen Regeln und der tiefen Ursehnsucht der ganzen Schöpfung nach Heilung, Ganzheit und Transformation.

In Verbindung mit den Kräften des Lichtes, ist ein Missbrauch der schamanischen Kräfte nicht möglich, denn ich – Lady Portia - bin die Hüterin der Schwelle.

Wenn du einmal nicht hinschauen willst, dann werde ich dich darauf aufmerksam machen. Sodann werde ich dich gerne in deinem Lern- und Entwicklungsprozess begleiten und leiten.

Verbindungen, Anbindungen, Lösungen

Du würdest dieses Buch nicht lesen, wenn du dich nicht bereits intensiv mit der Frage des Menschseins in dieser Schöpfung beschäftigt hättest, und sicherlich arbeitest du bereits schon eine ganze Zeit an dem Sinn und den Hintergründen deines Seins.

Viele von euch machen unendlich viel Lichtarbeit, folgen ihren wunderbaren Überzeugungen und Idealen und verbinden sich tagtäglich, voller Vertrauen und Liebe, mit den Kräften des Lichtes. Es ist uns eine Freude, dein Licht zu sehen. Es ist uns eine Freude, dich dabei zu begleiten, wie du immer mehr zu dem spirituellen Wesen wirst, das du tatsächlich bist. So sind in den letzten Jahren unendlich viele dieser wunderbaren Lichter auf Gaia erwacht und für uns sichtbar geworden. Sie strahlen bis weit hinaus in das Universum.

Denke daran, wenn du des Nachts in den unendlichen Sternenhimmel schaust: „Wie Oben, so Unten".

Durch all diese Aktivitäten, mit denen du, und viele andere Menschen, ganz klare Signale gesetzt haben, hast du Kanäle geöffnet und energetische Wege bereitet, die wir jetzt gemeinsam gehen können.

Die Planetenbahnen bereiten starke Öffnungen. So bist du auf deinem Weg zum „kosmischen Menschen" und entfaltest dein inneres Leuchten auch immer weiter in das Außen.

Nutze die Möglichkeit der schamanischen Reise für die Stärkung, für die Entwicklung, und letztendlich für die vollständige Integration deiner inneren Priesterin, deiner inneren Heilerin, deiner inneren Lehrerin und deiner inneren Kriegerin.

Je harmonischer und entwickelter deine inneren vier Kräfte werden, desto leichter kannst du deine vollen Kräfte entfalten. Du wirst in der Lage sein, auch intensive und starke transformatorische Energien zu halten und diese zu lenken.

Energiefelder, die deine Energien aus allen Zeiten und allen Leben gebunden haben, kannst du mit Hilfe deiner Verbündeten auflösen und transformieren. Ebenso kannst du mit all den energetischen Bindungen und Verbindungen, die in all der langen Zeit entstanden sind, verfahren.

Reise zu deinem Kraftplatz, wie du es nun bereits ausreichend gelernt hast. Dort trage deinen Verbündeten, und deinen vier Kräften, dein Anliegen vor.

Du kannst dein Anliegen nach der Begrüßung zum Beispiel folgendermaßen formulieren:

Ich bitte euch, mit mir eine Reise zu all den für mich störenden, begrenzenden und hinderlichen energetischen Verbindungen zu machen und mit mir gemeinsam diese zum Zwecke der Heilung und Transformation auflösen. Diese frei gesetzten Energien werden nach vollständiger Heilung und Reinigung zu ihrem Ursprungsort zurück kehren.

Deine Verbündeten werden sich, vielleicht schon gemeinsam mit den vier Kräften, beraten, und weil du eine lichtvolle Absicht hast, werden sie dich auffordern, mit ihnen zu reisen.

Der Hinweis auf die Rückkehr zum Ursprungsort ist wesentlich, da viele alte Verbindungen mit gemeinsamen Gelübden, Beschlüssen, Aktivitäten oder Religionen zu tun haben. Die dann zu suchenden Energien und Verbindungen stellen oftmals eine Vermischung von eigenen und fremden Energien dar.

Deine frei gewordenen Energien können dann, wenn es der richtige Zeitpunkt ist, zu dir zurückkehren. Bei den Fremdenergien werden die Kräfte des Lichtes, und die Heerscharen der Engel, die Steuerung unter ihre Obhut nehmen.

Natürlich kannst du auch, wenn es wirklich deine klare Absicht ist, alle energetischen Verbindungen die einschränkend auf dein Sein einwirken, auf diesem Wege auflösen. Das liegt vollkommen in deiner eigenen Verantwortung. Schaue einfach, was sich für dich, auf deinem Weg, richtig und gut anfühlt.

Es kann sein, dass du bei diesen Überlegungen auch ein Bewusstsein dafür entwickelst, mit wie viel Schönem und Gutem du verbunden bist. Nicht jede Verbindung ist hinderlich und störend, oder einengend und begrenzend. Manchmal tun Grenzen auch gut, um das sichere Gefühl zu entwickeln zu wissen wo du hingehörst. Darum prüfe deine Absicht gründlich und ehrlich. Lege nichts für dich als Schwäche aus. Versuche insgesamt dich, und auch andere, dabei nicht zu bewerten.

Deine Bitte, an deine Verbündeten und an deine vier Kräfte, kannst du für alle Themen anwenden, die dich beschäftigen oder konfrontieren. Ängste, Gelübde, Bann, dunkle Netze, Erfahrungen von Verrat und Ausgestoßen werden, binden deine Kräfte und deine Energien. Doch oftmals wirst du nach jeder deiner schamanischen Reisen erleben dürfen, wie deine vier Kräfte immer prachtvoller und strahlender werden.

Strebe eine endgültige Integration deiner vier Kräfte erst dann an, wenn alle vier in vollkommener Schönheit und Kraft auf deinem Kraftplatz sind. Erst dann, wenn sie sich dazu bereit erklären, sich letztendlich mit dir zu verbinden, mit dir zu verschmelzen.

Lass dir für diesen Prozess soviel Zeit und Ruhe, wie du benötigst. Gib dir all die Zeit, die dir und deinen vier Kräften gut tut, die ihr braucht.

Eine weitere Möglichkeit für dein Wachstum und deinen eigenen Ganzwerdungsprozess ist die „Heilung der Ahninnen“.

Viele Frauen sind durch die langen Zeiten der Verfolgung, Diffamierung und Verletzung der weiblichen Kraft, über das kollektive Unbewusste, und auch über die Erfahrungen und Erlebnisse der Ahninnen, mit entsprechenden

Einschränkungen behaftet. Sie haben oftmals das Gefühl, eine Art „Schattenboxen“ auf ihrem Weg zu kämpfen.

So kannst du, wenn du dich hiervon angesprochen fühlst, wie gewohnt deine Reise zu deinem Kraftplatz in deiner mittleren Welt machen.

Heilung und Transformation deiner Ahninnen

Begrüße voller Freude, und mit einem offenen Herzen, deine Verbündeten. Sage ihnen, dass du jetzt gern das Ritual zur Heilung und zur Transformation deiner Ahninnen machen möchtest. Sie werden dir gern dabei helfen.

Baue für dich einen Schutzkreis auf deinem Kraftplatz, in dem du vollkommen sicher und abgeschirmt bist. Nimm die Verbündete mit hinein, mit der du deine Heilarbeit machen möchtest. Natürlich können es auch alle Verbündeten sein, selbst dann, wenn du dir einen ganzen Zoo zugelegt haben solltest. Danach lass deinen Schutzkreis in der entsprechenden Größe entstehen.

Wenn dein Schutzkreis errichtet ist, dann lass aus deinem Schutzkreis einen Feuerkreis werden. Kleine, wunderschöne, rote und gelbe Flammen brennen rings um dich herum. Sie wärmen und schützen dein ganzes schamanisches Sein in diesem Kreis. Genieße einen Augenblick dieses wohlige Gefühl, gemeinsam mit deinen Verbündeten. Erlaube dir, dich so richtig wohl und behütet zu fühlen. Sammle dich, frei von allen Gedanken und Lasten, in deiner Konzentration.

Danach, lass vor deinem Schutzkreis, einen zweiten Kreis entstehen, einen weiteren Kreis aus wärmenden und schützenden Flammen, in all den schönen Farben, die ein kleines Feuer hat.

Wenn auch dieser zweite Kreis vollkommen entstanden ist, dann lass aus dem Universum einen Strahl weißen Lichtes in diesen zweiten Kreis herab kommen.

Sorge für eine sichere Distanz zwischen diesen beiden Kreisen, damit nichts und niemand, den oder die du nicht in deinen Schutzkreis eingeladen hast, in deinen Schutzkreis wechseln kann. Auch deine Verbündete wird sorgsam darauf achtgeben, dass keinerlei Übergriffe stattfinden können.

Dieser Strahl aus reinem weißem Licht steht als Eingangstor für deine Ahninnen zur Verfügung. Dieser Strahl positioniert sich auf der, von dir aus gesehen, rechten Seite des gegenüber liegenden, zweiten Kreises. Bitte sodann einen kraftvollen Engel in den, dir gegenüberliegenden Kreis, einzutreten.

Sei dir sicher, dass der Engel erscheint, denn er weiß, was nun kommen wird.

Wenn du selbst, dich jetzt vollkommen sicher und stabil in deinem Schutzkreis fühlst, dann bitte alle deine Ahninnen, durch den Strahl des reinen, weißen Lichtes, in den zweiten Schutzkreis zu einzutreten.

Du kannst auch gern eine nach der anderen zu dir rufen, falls es dir zu schnell geht, oder du gerne mit jeder einzeln sprechen möchtest. Das entscheidest du ganz allein in deiner Selbstermächtigung als Schamanin. Oder besprich es mit deinen Verbündeten. Sie werden dir zu dem raten, was sie für dich am heilsamsten halten.

Es kann für dich wie ein Schnelldurchlauf auf einem Bahnhof aussehen, wenn deine Ahninnen auf dem Strahl aus weißem Licht herein kommen, und sich voller Freude und Vertrauen dem Engel zuwenden, der sie bereits erwartet. Dieser Engel hilft ihnen weiter, auf ihrem Weg in die lichten Reiche und auf die andere Seite des Schleiers.

Vielleicht siehst du über dem Engel, in dem zweiten Schutzkreis, auch noch viele andere Engel, die sich sofort deiner Ahninnen annehmen und sie in ihre Liebe und ihr Licht hüllen.

Vielleicht bleibt auch eine Ahnin einen Moment dort, um mit dir oder dem Engel zu sprechen? Oder sie hat eine Botschaft für dich? Oder sie möchte einfach „Danke“ sagen, dass sie nun die Hilfe bekommt, auf die sie so lange gewartet hat?

Denke immer daran, dass du in deinem eigenen Kreis bleibst, egal was geschieht und egal, wer kommt. Deine Verbündete ist bei dir. Sie hält und schützt dich, wenn es notwendig sein sollte. Keine Ahnin, die es gut mit dir meint, würde etwas anderes von dir verlangen oder erwarten.

Und sollte eine Ahnin dabei sein, die voller Schmerz und Zorn ist, so wird sich der Engel in dem zweiten Schutzkreis um sie kümmern und ihr helfen. Du bist in deinem Kreis aus heiligem Feuer vollkommen geschützt, was auch immer in dem anderen Kreis geschieht.

Wenn es dir ausreichend erscheint für den Augenblick, oder vielleicht auch alle Ahninnen frei in die lichten Dimensionen gehen konnten, dann bedanke dich bei dem kraftvollen Engel für seine liebevolle Hilfe. Löse den Strahl aus reinem, weißem Licht auf, der aus dem Universum kam, und schließe die Tür auf deinem Kraftplatz. Lass den Lichtstrahl aus reinem, weißem Licht vollständig verschwinden. Wenn dies geschehen ist, dann wende dich noch einmal dem kraftvollen Engel zu.

Vielleicht möchte dieser Engel dir noch etwas sagen. Vielleicht möchtest ja du dem Engel noch etwas sagen? Nimm dir all die Zeit, die du benötigst. Wenn dein Gespräch mit diesem Engel beendet ist, dann lass auch diesen Engel von deinem Kraftplatz zurück in seine eigene Dimension gehen, aus der er oder sie gekommen ist.

Die Ahninnen, die jetzt, mit Hilfe deines Rituales, endlich frei sind und sich auf den Weg ihrer Seele machen können, werden augenblicklich, mit der Hilfe der Kräfte des Lichtes, ihren ganz eigenen Weg finden. Vielleicht hörst du ja, in den nächsten Tagen, noch von irgendwo her ein leises „Danke". Dann freue dich darüber, denn dies war die leise, sphärische Stimme einer deiner Ahninnen aus einer anderen, lichtvollen Dimension.

Lass nun das Feuer des zweiten Schutzkreises erlöschen. Erlaube diesem Kreis, sich vollkommen aufzulösen. Sollten noch Restchen auf deinem Kraftplatz sein, dann bitte den Wind sie fort zu pusten. Achte darauf, dass dein Kraftplatz wieder vollkommen gereinigt ist.

Wenn dies geschehen ist, dann erlaube auch dem Feuerkreis, in dem du dich mit deiner Verbündeten befindest, vollkommen zu erlöschen und sich aufzulösen. Achte auch hier darauf, dass keinerlei Reste oder Flämmchen übrig bleiben.

Bedanke dich bei deinen Verbündeten für ihre Anwesenheit und ihren Beistand. Wenn du magst, dann besprich das soeben Erfahrene noch mit deinen Verbündeten, die anwesend waren.

Prüfe, bevor du wieder in deine alltägliche Wirklichkeit zurück reist, dass auf deinem Kraftplatz, in deiner mittleren Welt, alles schön und heil ist. Wenn für dich der richtige Zeitpunkt gekommen ist, dann kehre, durch deine untere Welt, zurück in deine alltägliche Wirklichkeit.
Atme tief ein und aus. Öffne deine physischen Augen, recke und strecke dich nach Herzenslust, bis du wieder ganz angekommen bist.

Diese Möglichkeit der Transformation kannst du für alles einsetzen was dir sinnvoll erscheint. Du kannst sie für all das einsetzen, wo sie beitragen kann, dich aus alten Verletzungen, Verstrickungen und Ängsten zu lösen. So kannst du in dem zweiten Feuerkreis alte Situationen noch einmal stattfinden lassen, die dir sehr zugesetzt und dich geschwächt haben.

Bei allem was geschieht, wenn du eine Situation, in der du einmal warst, aus deinen Erinnerungen dort hinein transferierst, erlöst du die in deinen Erinnerungen gebundenen Energien und erlaubst ihnen, zu heilen.

Manches Mal wirst du nach einem derartigen Ritual auch eine körperliche Erleichterung verspüren. Deine Freude wird dann zu einer gemeinsamen Freude mit den Kräften des Lichtes.

Dieses Ritual greift nicht automatisch auf die Personen über, die an der damaligen Situation beteiligt waren. Es dient in erster Linie deiner Selbstheilung und deiner spirituellen Entwicklung. Du kannst es gerne als eine Art wöchentliche Reinigung durchführen, indem du in deine untere Welt reist, dich mit deiner Verbündeten von dort in deine mittlere Welt begibst, hier herzlich und voller Freude all deine anderen Verbündeten herzlich und voller Freude all deine anderen Verbündeten begrüßt und danach die beiden Feuerkreise entstehen lässt.

Fällt dir kein konkretes Ereignis der Woche ein, dann bitte deine Verbündeten, in Einklang mit deinem Sein, eine Situation in den Kreis zu bitten, die dort hinein gehören könnte. Dann schaue dir an, was sich zeigt. Wenn sich dir nichts zeigt, dann freue dich und löse die Kreise wieder vollständig auf.

Du kannst auch Situationen aus deiner Kindheit, die mit Ängsten und gebundenen Energien belastet sind, in dem zweiten Feuerkreis noch einmal anschauen. Hier kannst du alles, gemeinsam mit einem Engel, verändern und heilen lassen. Oder du stellst ein Thema wie Angst, Schuld, Mangel oder Gewalt in den Raum und bittest all die Situationen in deinen Schutzkreis, die mit diesen Themen verbunden sind, damit sie transformiert werden können und heilen.

Bist du hinsichtlich eines Themas unsicher, ob es sich für diese Art von Ritual eignet, dann sprich mit deinen Verbündeten und deinen vier Kräften darüber und lade, wenn du magst, auch die Kräfte des Lichts dazu ein.

Die Erz-Engel und Engel, wie auch die Meisterinnen und Meister, werden nur direkt erscheinen, wenn du sie gebeten hast zu erscheinen, denn sie achten und respektieren deinen sicheren, schamanischen Raum.

So kannst du immer wieder frei und neu entscheiden, wie du mit einem entsprechenden Ritual verfahren möchtest, was du dir anschauen und heilen möchtest. Du bist dabei vollkommen geschützt und sicher.

Sammle deine Kräfte wieder zusammen, löse gebundene und erstarrte Energien auf und erlaube dir aus ganzem Herzen, in dein ganzes Sein hinein zu wachsen.

Die kleinen Freunde: Elfen und die Feen

Als vor langer Zeit die ersten Lichtwesen begannen, sich liebevoll mit Gaia zu verbinden, mit ihr in Kontakt zu treten und mit ihr im Einklang zu sein, waren bereits viele verschiedene Wesenheiten auf Gaia beheimatet, die für die Kräfte des Lichtes zu Freunden, Vertrauten und wunderbaren Helfern wurden.

Du kennst sie alle, denn sie sind noch immer hier auf Gaia. Sie sind in einer tiefen Liebe mit ihr verbunden. Du kennst sie als das kleine Volk, das ich hier gerne die „kleinen Freunde" nennen möchte. Du kennst sie als Devas, als Elfen und Feen.

Zu den kleinen Freunden gehören auch die Zwerge und Kobolde, und manches Mal triffst du sie, wenn du dich in der freien Natur bewegst, oder sie huschen durch deine Räume. Sie haben sehr viel Humor. So kann es geschehen, dass sie dich gern mit ihren Streichen darauf aufmerksam machen, dass es sie gibt. Sie wollen dich auf diesem Wege lehren, in Einklang mit der Natur zu leben und ihre Regeln zu beachten.

Sie alle freuen sich sehr über Naschereien und Leckereien, die du ihnen mit Achtung und Dankbarkeit zu den Mondphasen in den Garten oder in die Natur geben kannst.

Die Devas und die Elfen sind meistens mit den Blumen und den Bäumen verbunden. Viele von ihnen haben innerhalb der Erde mit den Edelsteinen, den Kristallen und den verschiedenen Energiefeldern Gaia´s zu tun. Pflanzt du eine Blume an einen Ort, der nicht in Harmonie mit den Energien dieser Blume ist, dann wird diese Blume dort nicht gedeihen. Die Devas und die Elfen bemühen sich, der Blume beizustehen und ihr durch diese Phase zu helfen. Sie sind bemüht, die Seele der Blume an einen anderen Ort zu bringen, an dem diese sich wunderbar und leicht entfalten kann.

Die Feen sind, in vollendetem Einklang mit den Kräften des Lichtes, die Hüterinnen und Hüter dieser Schöpfung. Oftmals werden Feen, wenn sie sichtbar werden, mit Engeln verwechselt.

Die Feen haben vor langer Zeit einen Schleier zwischen die Dimensionen Gaia´s gezogen, weil die Harmonie zwischen ihnen und den Menschen nicht mehr vorhanden war und ist. Und nun, ganz langsam, beginnen sie, diesen Schleier etwas zu öffnen, weil nun wieder viele Menschen sich liebevoll dieser Schöpfung, die Gaia ist, zuwenden.

Begegnet dir eine Fee, so sei dir gewiss, dass sie dich beobachtet. Wird sie für dich sicht- und hörbar, dann sei achtsam, denn sie will mit dir in Kontakt treten. Die Feen haben sich von den Menschen gelöst und entfernt, doch sie lieben und hüten diese Schöpfung. Sie nehmen nur zu den Menschen Kontakt auf, die aus ihrer Sicht in Harmonie mit dieser Schöpfung leben und sind.
Die Feen halten die Anderswelt, die nächste Dimension Gaia´s, und so stehen sie neben dir, hinter dir, vor dir. Doch sind sie gleichzeitig für dich unendlich weit entfernt, wenn sie nicht von dir wahrgenommen werden wollen.

Schamanische Selbst-Einweihung in deine vier Kräfte

Es gibt bei dieser Art des spirituellen Wachstums keine Dringlichkeit und kein Gehetze. Sicherlich wirst du irgendwann, wie gewohnt, deine schamanische Reise beginnen. Du wirst durch deine untere Welt gehen, deine Verbündete begrüßen, mit ihr gemeinsam in deine mittlere Welt weiter gehen, auch dort deine Verbündeten begrüßen und nach deinen vier Kräften schauen.

Wenn du soweit in deiner Entwicklung fortgeschritten bist, und den Zeitpunkt für dich für richtig hältst, dann lasse dich ganz auf das ein, was nun folgt.

Bereite dir, auch in der alltäglichen Wirklichkeit, den vollkommen geschützten Raum. Erfülle ihn mit all deiner Liebe zu deinem Sein und zu deinem Leben. Erlaube einem tiefen Gefühl von Dankbarkeit dich zu erfüllen, und sich in deinem geschützten Raum auszubreiten.

Schätze all das, als wertvoll und bereichernd, was du für dich, dein ganzes Sein, und somit für die Schöpfung getan und erschaffen hast. Du hast dich erschaffen aus deinem Licht. Du bist hier in und mit Gaia. Du bist Licht, Heilung und du bist Frieden.

Nimm gern vor dieser schamanischen Reise, die wir gleich beginnen, all die Dinge, die dir etwas bedeuten, mit in deinen geschützten Raum. Dies können Edelsteine, Symbole, Bilder, Tücher, Kerzen sein. Kurz: alles, was dein Herz weit, frei, freudig und offen sein lässt, ist gut für diesen Augenblick, für diese Zeit, für diese schamanische Reise.

Lege deine CD mit Trommelmusik ein, oder lasse dich von einer Freundin mit der Trommel auf deiner Reise begleiten.

Richte es für deinen physischen Körper wunderschön her. Nimm eine Unterlage oder eine Decke in den Farben, die du liebst. Erfülle deinen ganzen physischen Körper mit deiner Dankbarkeit und mit deiner Liebe, physischen Körper mit deiner Dankbarkeit und mit deiner Liebe, wenn du dich in deine gewohnte Reisehaltung begibst.

Versichere dich noch einmal, dass dein Körper erfüllt ist mit Licht, Dankbarkeit und Liebe. Spüre noch einmal genau in deine Arme und Beine hinein. Spüre nach, ob sie sich wunderbar wohl fühlen und auch, ob deine Wirbelsäule vollkommen entspannt ist.

Dann beginne mit deiner schamanischen Reise voller Freude, Liebe und Begeisterung.

Besprich bei deiner Ankunft in deiner unteren Welt, und in deiner mittleren Welt, mit deinen Verbündeten, ob jetzt der richtige Zeitpunkt für dich gekommen ist deine vier Kräfte fest in dir zu integrieren. Nimm an, was sie dir dazu sagen.

Stimmen auch deine Verbündeten aus ganzem Herzen zu, dann rufe deine vier Kräfte in deine mittlere Welt; deine innere Priesterin, deine innere Heilerin, deine innere Lehrerin und deine innere Kriegerin.

Dort stehen sie vor dir, alle vier, in strahlendem Glanz, in ihrer vollendeten Kraft, und schauen dich an.

Du verspürst ein feierliches und erhabenes Gefühl in dir, denn du fühlst es tief in dir, dass es nun an der Zeit ist, die vier Kräfte endgültig in dein Leben zu integrieren und sie in deinem ganzen Sein willkommen zu heißen.

Deine Verbündeten, die inzwischen deine Vertrauten und deine Freunde geworden sind, schauen dich liebevoll, mit tiefem Mitgefühl und voller Freude an. Sie haben dich all die Zeit begleitet und sie haben gelernt, dich zu respektieren, dir zu vertrauen, dich wert zu schätzen.

Sicherlich steigen nun vielerlei Gefühle in dir hoch. Darum bitte ich dich, aus ganzem Herzen, lass sie in dir hoch steigen. Jedes deiner Gefühle hat seine Berechtigung; dein Lachen ebenso, wie dein Weinen. Deine Gefühle machen dich für deine Verbündeten spürbar. Lache und weine mit deinen vier Kräften, wie es für dich richtig ist. Heiße sie aus ganzem Herzen in deinem Leben und in deinem ganzen Sein willkommen. Erfreue dich an diesem Augenblick.

Deine authentischen Gefühle, die Sprache deiner Seele, sind das Bindeglied zwischen deinem Sein in der alltäglichen Wirklichkeit und deinem lebendigen und aktiven Sein in den Dimensionen der Anderswelt.

Erlaube jetzt deinen vier Kräften, deiner inneren Priesterin, deiner inneren Lehrerin, deiner inneren Heilerin und deiner inneren Kriegerin, die Führung für das nun folgende Ritual zu übernehmen. Überlasse dich, mit deinem ganzen Herzen und deinem ganzen Sein, ihrer Führung.

Sie werden dich zu einem besonders schönen Ort bringen, zu einem heiligen Ort.

Dies ist ein wunderschöner Ort in der freien Natur, umsäumt von großen, prachtvollen Bäumen, die bei deiner Ankunft, ihre Blüten in allen Farben des Regenbogens entfalten.

Der Boden ist bedeckt mit warmem, weichem Moss. Überall leuchten violette, blaue und weiße kleine Blüten.

Der Himmel über dir ist strahlend blau. Die Sonne bestrahlt diesen wunderschönen Ort mit all ihrer Wärme und Lebenskraft.

Im Zentrum dieses wundervollen Ortes, erstrahlen aus der Erde, elf vollkommen klare Quarzkristallspitzen, die einen Kreis bilden.

In jeder Himmelsrichtung steht ein großer, ruhiger und kraftvoller Naturstein. Jeder einzelne, dieser großen Menhire, strahlt vollkommene Stabilität, Gelassenheit, Souveränität und Schönheit aus.

Ihre Energien, bilden zusätzlich einen geschützten energetischen Raum, in dem die Lichtsäule der elf Quarzkristalle sich ungehindert entfalten kann, wenn du JETZT in den inneren Kreis hinein trittst.

Jetzt bist du angekommen. Deine vier Kräfte stellen sich vor jeweils einem der Menhire auf. Dort stehen sie, in all ihrer vollendeten Schönheit und Vollkommenheit. Sie bitten dich, dich in die Mitte des kleinen Kreis, den die elf Quarzkristallen bilden, hinein zu stellen.

Die Quarzkristalle werden durch dein Eintreten in ihren Kreis aktiviert. Du stehst nun in einer strahlenden Säule aus reinem, weißem Licht, die weit hinaus in das Universum leuchtet.

Deine Verbündeten sind ebenfalls anwesend. Wundere dich nicht, wenn auch Engel, Meisterinnen und Meister und ich – Lady Portia - anwesend sind.

Viele Lichter sind entzündet. Wunderschöne Farben umgeben diesen Ort des Friedens und des heiligen Seins. Blumen, in den wunderschönsten Farben des Regenbogens, blühen überall. Aus der heiligen Erde, sprudelt innerhalb des energetischen Kreises der Menhire, eine fröhliche Quelle mit kristallklarem Wasser.

Da stehst du, inmitten deiner vollkommen geheilten und strahlenden vier Kräfte. Du lässt dich erfüllen von all der Pracht, all der Freude und all der Schönheit.

Das Licht der Kristalle erfüllt mehr und mehr dein Sein. Es reinigt dich von allen Lasten, die sich vielleicht noch in deiner Aura befinden.

Über diesem herrlichen Ort erscheint jetzt ein prachtvoller Regenbogen in allen Farben. In diesem strahlenden Licht der großen Schöpfergöttin, so wie überall im Regenbogen, siehst du strahlende, leuchtende Sterne funkeln.

Irgendwo dort, erkennst du ein Sternbild, das sich dir auf irgendeine Art, auf eine ganz besondere Weise, zeigt. Nimm es einfach nur zur Kenntnis. Öffne deine drei großen und strahlenden Herzen weit. Dann wende dich voller Liebe und Vertrauen deinen vier Kräften zu.

Während du sie anschaust und ganz erfüllt bist von all der Schönheit um dich herum, werden sie strahlender und strahlender, lichtvoller und lichtvoller.

Auch sie erstrahlen nun, immer mehr, in den leuchtenden und zarten Farben ihrer Energie. Ganz sanft, ganz langsam, liebevoll und weich, kommen sie jetzt auf dich zu.

Du spürst das Wachsen deines Lichtkörpers, als würde er sich ihnen entgegen strecken. Du erspürst den ersten energetischen Kontakt mit deinen vier Kräften; mit deiner inneren Lehrerin, deiner inneren Priesterin, deiner inneren Heilerin und deiner inneren Kriegerin.

Du spürst ganz zart, wie deine Energien beginnen, mit den Energien deiner vier Kräfte zu verschmelzen. Du fühlst, wie ihr, ganz langsam, ganz behutsam, mehr und mehr eins werdet, wie ihr miteinander verschmelzt.

Diese wundervollen Energien durchfluten deinen energetischen Körper. Sie durchfluten dein Sein in der Anderswelt. Und gleichzeitig erfährst du, tief in dir, das Durchfluten der Energien durch deinen physischen Körper, in deiner alltäglichen Wirklichkeit.

Die Heilkraft deiner inneren Heilerin, die liebevolle und klare Energie deiner inneren Kriegerin, die spirituelle Klarheit deiner inneren Priesterin und das unendliche Wissen deiner inneren Lehrerin, verschmelzen vollkommen mit dir und mit deinem ganzen Sein.

Alle, die nun hier anwesend sind, und diesen wunderbaren Prozess begleiten, sind erfüllt von tiefer Andacht, Demut und Dankbarkeit für das, was hier geschieht; für das, was mit dir geschieht.

Nimm dir alle Zeit, die du brauchst. Schwelge in deinem Erspüren und Spüren. Und mache dir bewusst, dass du von nun an das Potential deiner vier Kräfte immer zu deiner Verfügung hast. Mache dir ganz tief bewusst, dass du selbst das Zentrum dieser, deiner vier Kräfte, bist.

Alle Verbündeten, Engel, Meisterinnen und Meister, die hierbei anwesend sein durften, beglückwünschen dich liebevoll.

So sage auch ich dir meinen tiefsten Dank aus ganzem Herzen, weil ich dich bis hierher begleiten durfte und dich auch gerne weiterhin begleiten werde.

Irgendwann erspürst du, in deinem Inneren, ganz klar das Signal den inneren Kreis der Kristalle zu verlassen. Wenn dies geschieht, dann tritt ganz sanft und sicher aus diesem Kreis heraus.

Die Plätze vor den Menhiren sind jetzt leer, doch die Ruhe und Gelassenheit, die von diesen prachtvollen Geschöpfen Gaia's ausgehen, sind eine ständige Präsenz.

Bewege dich in dem Kreis der Menhire. Begib dich zu jedem einzelnen von ihnen um dich zu bedanken für ihr Sein. Bedanke dich für ihr Geschenk an dich, durch ihr Sein.

Erhebe deine Arme, hoch hinauf zum Himmel, zur Sonne und zum Regenbogen. Lass sie an deiner Freude teilhaben.

Wenn dies geschehen ist, dann lege deine offenen Handflächen auf die Erde, auf den moosbedeckten Boden. Lass deine Freude, durch deine Hände, in die Erde strömen.

Spüre dabei ganz liebevoll und erfüllt in die Erde hinein. Spüre und erfasse die Größe deines Seins, jetzt, nach der vollständigen Integration deiner vier Kräfte.

Du bist nun vollständig verbunden mit deiner inneren Kriegerin, mit deiner inneren Heilerin, mit deiner inneren Lehrerin und mit deiner inneren Priesterin.

Sie sind endlich wieder ganz fest mit dir vereint, in Liebe, Frieden und Freiheit.

Wenn deine Zeit sich dem Ende entgegen neigt, wenn du ganz sicher erspürst, dass du mit deinen Verbündeten auf deinen Kraftplatz zurück kehren möchtest, dann danke dir selbst für diese wunderschöne Erfahrung.

Danach verabschiede dich von all den anderen Kräften des Lichts, die dich in dieser Einweihung begleitet haben.

Reise achtsam und erfüllt zurück auf deinen Kraftplatz, in deiner mittleren Welt. Wenn du magst, dann verweile dort noch eine Zeit lang.

Wenn du dich nun, von deinen Verbündeten, deinen Vertrauten, verabschiedest und zurück gehst durch deine untere Welt, dich hier von deiner Verbündeten verabschiedest, dann nimm all dein Licht, all dein großartiges Potential, mit in deine alltägliche Wirklichkeit. Nimm all dies, ganz bewusst mit hinein, in deinen physischen Körper.

Der Weg der Menschheit, als Ganzes, führt in dieser Zeit aus der Trennung heraus, im Innen wie im Außen. Innere wie äußere Grenzen werden aufgehoben. Die kosmischen und irdischen Kräfte schwingen immer intensiver miteinander und ineinander.

So hast du nun diese, deine Einweihung erfahren und erhalten, als Schritt, auf deinem Weg, zu deinem multidimensionalem Potential, zu deinem ganzen Sein.

Begrüße deinen physischen Körper voller Freude und Licht. Verbinde dich fest, stabil und sicher mit ihm. Atme dreimal tief ein und aus. Lass die Energien der vier Kräfte jetzt stabil in deinen physischen Körper fließen und sich fest darin verankern.

Erhebe dich von deinem wunderschönen Platz. Sei willkommen zu Hause, in deiner alltäglichen Wirklichkeit.

Nimm ganz in Ruhe und in deiner Zeit wahr, wie sich dein Sein nun anfühlt. Genieße all deine Kraft und all deine Schönheit.

Nimm dir hierfür so viel Zeit, wie du brauchst. Dann feiere mit dir oder mit deiner Freundin, die dich vielleicht begleitet hat, auf deine ganz eigene Art. Vielleicht magst du dich vor einen Spiegel stellen, und dir selbst aus ganzem Herzen gratulieren, zu dieser wunderschönen Erfahrung. Lies hier bitte erst dann weiter, wenn du dies ausreichend getan hast.

Weder sind die Meisterinnen und Meister, noch die Engel, getrennt von den Wesen der Anderswelt. Je mehr du dir erlaubst, diese Trennung auch in deinem Inneren heilen zu lassen, desto leichter und freudvoller, kann sie auch im Außen heilen.

Die Welt der Mitgeschöpfe aller Art, dabei beziehe alle Geschöpfe Gaia´s und Gaia selbst mit ein, können vom menschlichen Sein nicht getrennt sein. So kannst du dir, in jedem Falle der Trennung, sofort die Frage stellen, wer Interesse und einen Vorteil davon hat, die Menschheit von der Schöpfung zu trennen. Frage dich, ob diese Art Trennung für dich richtig ist, oder nicht.

Du hast die vollkommene Freiheit, dies ganz eigenverantwortlich für dich zu entscheiden. So wird niemand bewerten, wenn du Zeiten in einem Bereich verbringst, und dann wieder Zeiten in anderen Bereichen.

Es ist dein Weg, dein Leben, und deine Selbstermächtigung.

Lange Zeit gingen unendlich viele Menschen davon aus, dass sie von den Engeln, den Feen und dem kleinen Volk getrennt sind. Die Trauer auf der

Seite vieler Menschen war ebenso groß, wie die Trauer auf der Seite der Engel und all der anderen Geschöpfe.

Jeder Kontakt, und jede Wahrnehmung, eines Menschen mit einer Fee, einer Elfe, dem kleinen Volk oder einem Engel, wurde als bedrohlich dargestellt. So erlebten die Engel, und auch alle anderen Mitgeschöpfe, voller Trauer und Entsetzen, die immer stärker und intensiver werdende Trennung zwischen ihnen und den Menschen, durch Diffamierungen und Angst.

Viele Bereiche der menschlichen Wahrnehmung, wurden mit Hilfe der Verbreitung vieler diffuser Ängste und Manipulationen eingegrenzt. So wurde die Kommunikation zwischen Menschen und Engeln, zwischen Menschen und ihren Mitgeschöpfen, schwächer und schwächer.

Erst in der heutigen Zeit machen sich viele Menschen wieder auf den Rückweg. Sie öffnen sich für all die bereichernden Möglichkeiten und Kontakte, im Umgang und im Zusammenleben mit den Engeln und ihren Mitgeschöpfen.

Du hast jetzt deine drei schamanischen Welten und deine wunderbaren Verbündeten kennen gelernt. Du hast Möglichkeiten gefunden, dir selbst besser und freudvoller selbst helfen zu können.

Und du bist vollkommen mit deinen vier Kräften verbunden. Beginne nun damit zu werden wer du in Wahrheit bist.

Die fünfte Säule, Spirit. Das ist es, was du jetzt bist.

Gönne dir ein entspannendes Bad oder feiere, auf deine ganz persönliche Art und Weise, diese wunderbare Erfahrung. Gratuliere dir selbst aus ganzem Herzen zu der Frau, die du bist, als die du selbst dich erschaffen hast.

Bist du ein Mann, dann gratuliere dir ebenso, aus ganzem Herzen, zu dem Mann, der du bist, als der du dich selbst erschaffen hast.

Und wenn du nun magst, dann lade deine Verbündeten ein, dich beim Lesen des folgenden Textes zu begleiten. Erschaffe dir eine meditative Atmosphäre. Lasse dich ganz und gar darauf ein. Erlaube dir, dich zu erinnern.

Spirituelle Wachstumsphasen
Integration deines Lichtkörpers

Stell dir vor, du bist ein großes Energiefeld. Du kennst die Aura und du weißt, dass die Aura aus verschiedenen Schichten besteht.

Alle Schichten der Aura haben eine Verbindung zu den Chakren. Sie sind reine Energie. Diese Auraschichten haben über die Chakren eine Verbindung zum physischen Körper.

Als du deinen Körper erschaffen hast, warst du reines Licht, reine göttliche Energie. Als Ausdruck dieser Energie in der Materie begannst du dir deinen Körper zu erschaffen und deinen Lichtkörper mit verschiedenen Punkten deines physischen Körpers zu verknüpfen. Dazu gehören unter anderem deine Chakren und die vielen Meridianpunkte, wie ihr es heute nennt.

Du erschufst ein wunderbares Netzwerk zwischen deinem Lichtkörper und deinem physischen Körper, welches dafür sorgen sollte, dass dein physischer Körper vollständig von dir ausgefüllt und eingehüllt ist.

Du warst und bist viel größer, als es dein physischer Körper ist. Du fühltest dich rundherum wohl in dieser Harmonie.

Allerdings war dir bereits zu dieser Zeit klar, dass so einiges auf dich zukommen wird, was es dir erschweren kann, diese Harmonie zu erhalten. Daher bautest du, hier und dort, kleine Sicherheitsnetze ein. Da du nicht vergessen wolltest, was du in dieser Inkarnation zu erledigen hast, bautest du alle diese Informationen in dein Zellbewusstsein mit ein, die dich immer wieder an deinen Weg erinnern und führen können.

Bereits während der Wachstumsphase deines physischen Körpers im Mutterleib, erlebtest du so allerlei mit, was dich hier und dort erschrecken ließ. All dies hinterließ in deinem ganzen Sein die eine oder andere Narbe. Doch unbeirrt dessen, erinnertest du dich an deine Pläne und machtest weiter.

Du wurdest geboren. Du wurdest Mensch. Dein Lichtkörper hüllte dich ein und es bestand weiterhin eine wunderbare Harmonie in deinem ganzen Sein.

Nun hast du vielleicht als kleines Kind oft geweint oder Dinge erlebt, die dich traurig machten, oder dich gar vor Entsetzen haben starr werden lassen. Andere Menschen oder Mitgeschöpfe haben dir weh getan. Manches Mal war es vielleicht für dich nicht mehr auszuhalten vor innerem Schmerz. Niemand hörte dich. Niemand fühlte dich. Alle anderen Menschen um dich herum hatten vieles zu tun. Sie hatten oft gar nicht die Zeit oder das Mitgefühl, deinen Schmerz und Kummer zu bemerken oder gar darauf zu reagieren.

Du warst nicht mehr in der einen Welt und noch nicht ganz in der anderen Welt. Dir wurde immer bewusster, dass du irgendwie alleine bist, auch wenn du nicht alleine warst.

Da gab es eine unsichtbare Grenze, zwischen deinem Fühlen und dem, was du von anderen Menschen wahr nahmst. Eine große Einsamkeit entstand vielleicht in dir. Der Kontakt zu den Lichtwesen, die du so sehr geliebt hattest, wurde immer schwächer. Oder verlerntest du gar ganz sie zu sehen und zu hören?

Als die Einsamkeit schon unerträglich war, wurde dir vielleicht klar, dass du sein musst, wie es die anderen Menschen um dich herum sind, um nicht mehr so einsam zu sein. Und so hast du ein Teilchen nach dem anderen aus deinem Lichtkörper entlassen. Damit hast du Raum gegeben für das, was von den anderen Menschen zu dir kam.

Da kamen Zweifel, Strenge, Angst, Neid, Missgunst, Misstrauen, Ungläubigkeit, Kritiksucht und vieles mehr zu dir. Sie nahmen Platz in deinem Lichtkörper. Doch der Platz, an dem sie sich festfraßen, hatte keinen Raum mehr für dein Licht und dein Leuchten. Er hatte keinen Raum mehr für all die Liebe, die du mitgebracht hattest, und eben so wenig Raum für die Worte der Kräfte des Lichtes, die durch dich hätten klingen sollen.

Jeder kleine Seelenverlust, den du erlitten hast, war spürbar wie ein kleiner Knick, ein kleiner Schreck, im ganzen Körper. Und ein größerer Seelenverlust, beziehungsweise Lichtkörperverlust, bewirkt ein starkes Verkrampfen auch des physischen Körpers.

Du dachtest, das sei nicht weiter schlimm, denn nun warst du wie die anderen. Du warst endlich nicht mehr so einsam. Die Anderen sind auch alle irgendwie krank, oder fühlen sich nicht wohl. Denn wer fühlt sich schon wohl auf Mutter Erde? Wer ist wirklich zufrieden und glücklich auf dieser Erde? Wer ruht in sich und strahlt? Nein, nein, zum Menschsein gehört es zu leiden. Und ein bisschen Leiden gibt ein Zugehörigkeitsgefühl. Doch seltsam: In den ruhigen Stunden ist die Einsamkeit wieder da, obwohl du doch nun geworden bist wie die Anderen. Warum fühlst du dich trotzdem so oft einsam?

Dein Lichtkörper hat Lecks und dunkle Stellen bekommen. Dunkle Energien haben sich in dir ausgebreitet und behaupten ihren Platz. Doch warum solltest du darüber nachdenken? Es geht ja allen Menschen so und eigentlich kommt ihr doch alle ganz gut zurecht. Oder?

Doch was rumort da nur immer in den stillen Stunden in dir? Warum brichst du manchmal bei sanfter Musik und liebevollen Gesten in Tränen aus? Und was ist es für eine Sehnsucht, die da in deinen Tiefen nagt?

Du spürst, dass irgendetwas immer noch nicht so ganz richtig ist. Dann begibst du dich auf die Suche nach Hilfe. Hoffentlich! Plötzlich spürst du, dass viele Dinge dir nicht gut oder gar weh tun. Oder vielleicht bist du auch schon richtig krank geworden?

Eines Tages dann, beginnst du einen spirituellen Weg zu gehen. Du erlebst Einweihungsenergien, liebevolle Begegnungen, sanfte Worte, und ...: Du beginnst aufzuwachen. Du beginnst zu erwachen.

Dein Lichtkörper beginnt zu reagieren Er möchte sich endlich wieder den Raum nehmen, der ihm gehört. Du, in deinem ganzen Sein, möchtest wieder strahlen. Du beginnst dich gar wieder erinnern an den wahren Grund deiner Inkarnation. Dein Lichtkörper beginnt dich immer deutlicher auf all die Störfelder hinzuweisen, auf all die hinderlichen oder gar negativen Energien, die sich in dir ihren, deinen Raum genommen haben. Und du gehst weiter und weiter auf deinem spirituellen Weg.

Dein Lichtkörper wird immer kraftvoller. Er beansprucht den ganzen Raum mehr und mehr für sich. Wenn so, Stück für Stück, die negativen Grundsätze und Glaubenssätze weichen müssen, dann erreichen sie noch einmal dein Bewusstsein. So steigen unerwartet steigen Angst, Zweifel, Misstrauend, Neid, Habgier und alles andere in dir auf.

Das geschieht manches Mal mit Macht, denn deine Seele will ihren Raum zurück erobern. Sie will, mit dir, ihr Leben leben. Sie will dich erinnern, wer du wirklich bist. Du bist ein göttliches Wesen, du bist reines Licht.

Manchmal kann es vorkommen, dass du erzitterst, wenn sich die negativen Kräfte, all das, was du verdrängt hast, in dein Bewusstsein heben. Manchmal kann es sein, dass du das Gefühl hast, es könnte dich überrollen und mit sich fortschwemmen. Manchmal kann es sein, dass du dann schreien möchtest, weil dir klar wird, dass du all das Leid nicht mehr aushalten willst und kannst und dies alles im Grunde nicht sein muss.

Doch fühlst du dich einsam, wem willst du es sagen? Wem willst du erzählen, dass du dich auf den Weg zu dir selbst und zu deinem Licht gemacht hast? Wem willst du erzählen, dass du manches Mal voller Angst und Zweifel bist und gleichzeitig spürst, dass du doch nicht ganz alleine bist und niemals warst? Wem kannst du mitteilen, dass du dir selbst vertrauen darfst, dem zarten Ton deiner Seele, deines Lichtkörpers!

Es sind manches Mal, aus menschlicher Sicht, schwere Phasen und Heilungskrisen, denn du beginnst dich von den anerzogenen Mustern zu lösen und wieder zu finden, was wirklich dein Eigenes ist.

Du lernst kennen, wer du wirklich bist. Liebe, Licht, Heilung und Freude breiten sich immer mehr in dir aus.
Du hast dich auf den Weg nach Hause zu dir selbst, zu deiner wahren Essenz, gemacht, in deine göttliche Vollkommenheit.

Je besser du lernst loszulassen, auf Distanz zu gehen und manchmal nur zu zuschauen, dich in Liebe einzuhüllen und die Kräfte des Lichtes, deine vier Kräfte und deine Verbündeten um Beistand und Hilfe zu bitten, desto leichter fällt dir der Weg zu deinem wahren Selbst.

Du verstehst, dass Leid und Qual auf Mutter Erde nicht dem göttlichen Plan entsprechen. Du erkennst, dass es höchste Zeit ist, die Energien und Kräfte des Lichtes immer weiter wachsen zu lassen.

Du bist ein Teil davon. Und je schöner dein Licht leuchtet, je mehr du selbst strahlst, desto schöner kann dein Licht sich mit all den anderen Lichtern auf Mutter Erde verbinden.

Gib all das, was du in deinem Lichtkörper nicht mehr brauchst, all das, was dich hindert du selbst zu sein, an die Kräfte des Lichtes ab, und an deine Verbündeten, mit der Bitte um Heilung und Transformation.

Stell dir vor, dass du ein Gefäß bist, welches sich zwischen dem Tempelchakra und dem Erdchakra befindet. Dieses Gefäß bedarf der Reinigung und Klärung. Je mehr Raum in diesem Gefäß ist, desto mehr kann dein Lichtkörper sich darin ausbreiten. Je mehr von dir selbst wieder heimkehrt zu dir, desto weniger Raum ist für Kräfte, die dir nicht gut tun.

Dein Lichtkörper kann wachsen und stabiler werden und du kannst beginnen zu strahlen, wie du immer strahlen wolltest. Dein Lebensplan kann sich entfalten. Du kannst deinen ganz eigenen Weg gehen, zum Wohle der gesamten Schöpfung, und natürlich auch zu deinem Wohl.

Die Kräfte des Lichtes begleiten dich auf diesem, deinem Weg. Jedes Mal, wenn du sie zu dir einlädst, helfen sie dir dabei dein ganzes Sein zu reinigen, dir alter Muster bewusst zu werden, die du nicht mehr brauchst, und diese mit einem liebevollen Danke loszulassen.

Die Engel, Erz-Engel und die aufgestiegenen Meisterinnen und Meister, sind zu jeder Zeit bereit, dir kraft- und liebevoll zur Seite zu stehen. Deine Verbündeten, deine innere Lehrerin, deine innere Priesterin, deine innere Heilerin und deine innere Kriegerin erwarten dich voller Freude und Kraft, in deiner mittleren Welt, auf deinem Kraftplatz.

Äußere klar deine Absichten, doch achte darauf, dass diese mit den Regeln der Kräfte des Lichtes, und des Aufstieges, vereinbar und zum Wohle der Schöpfung sind.

Sei bereit, Umstellungs- und Veränderungsphasen zu begrüßen, und hilf deinem Ego sich zu transformieren in die Einheit - in deine Einheit.

Die große Göttin möge dich schützen und segnen

Nichts ist getrennt und nichts muss getrennt sein. Getrennt ist nur das, was du trennen willst, aus welchem Grund auch immer

Transformation der Rituale der Vergangenheit

Nachdem die Wanderungen der Überlebenden der alten Kontinente, Lemuria und Mu, stattgefunden haben, begannen in der Menschheitsgeschichte starke Veränderungen und Vermischungen.

Bei Worten wie „Schamanismus“ und „Ritual“ beschleicht einige Menschen daher ein merkwürdiges Gefühl. Bedauerlicherweise ist dieses merkwürdige Gefühl auch hin und wieder berechtigt.

Machtstrukturen und Systeme bauten sehr oft darauf auf, dass Macht und die Schöpferinnenkraft in den Menschen gebunden wurden. Diese Art der Bindung fand über Rituale statt. Jede Seele, die in irgendeiner Form mit den Kräften des Lichtes verbunden ist, weicht bei dem Thema der machtvollen und machtbindenden Rituale sofort zurück. Das ist auch sehr weise so.

Auch gibt es deine ganz eigene Macht. Darum schaue einmal dorthin, wo du vielleicht aus Zorn, aus einer Ohnmacht und aus deiner ganz eigenen Kraft heraus, deine Potentiale gebunden hast, um sie der Schöpfung, oder den jeweiligen Systemen, nicht zur Verfügung zu stellen.

Der menschliche freie Wille ist eine Kraft, die es weise einzusetzen gilt. Daher kann es sein, dass dich so manches Mal dein ganz eigener freier Wille hinter Mauern und Grenzen gesetzt hat, weil du es genauso in diesem Moment haben wolltest.

Heute bezeichnest du diese Bereiche als Trotz und so fühlt es sich auch für dich an. Dein Ich sitzt tief in dir drin. Es verweigert sich dem Leben und der Lebendigkeit. Wenn du beginnst dort hinzuschauen, wirst du vieles über dich selbst heraus finden und lernen. Dann kann es beginnen zu heilen.

Manches Mal ist es erforderlich noch einmal einen Blick zurück zu werfen. Du solltest dies für dich wirklich nur dann in Betracht ziehen, wenn du ganz klar spürst, dass du in irgendeiner Weise mit jemandem verbunden, an jemanden oder durch jemanden gebunden bist, und diese Bindung sich für dich hinderlich gestaltet.

Mache dir ganz klar und bewusst, dass liebevoll gestaltete Rituale, die durchdrungen sind von Licht und Freude, wirkungsvoller sind als jedes Ritual, welches mit Manipulation, dunkler Energie und Kraftaufwand verbunden ist. Rituale, in Verbindung mit den Kräften des Lichts, gestalten sich leicht und fließend. Du hast dies bereits bei deinen schamanischen Reisen erfahren.

Worte, wie „der schamanische Tod“, sind nichts anderes als Worte, die, auf sehr drastische Weise, einen Wandlungs- und Heilungsprozesse ausdrücken. Diese Prozesse können durchaus liebevoller formuliert werden, damit sie ihren Schrecken verlieren können. Bei solcherart Erfahrungen wird dein energetischer, schamanischer Körper einer Reinigung und Heilung unterzogen. Diese tiefe Erfahrung kann dazu beitragen, dich von vielerlei Ängsten und Störungen zu befreien.

Es gab ebenfalls viele Rituale zur Bindung der weiblichen Kräfte, die mit Angst und Schrecken und Opferung durchgeführt wurden. Die Täter maskierten sich um von der betroffenen Frau nicht erkannt zu werden. Sie sorgten durch ihre Tat dafür, dass gerade der heiligste Bereich des Frauenkörpers, das Sakral-Chakra, mit Angst und dunkler Magie belastet wurde. Diese Täter versprachen sich von ihrer Tat einen Machtvorteil, denn die Verbindung, zwischen den Frauen und Gaia, war schon immer in diesen Kreisen bekannt. Diese heilige Verbindung, zwischen den spirituellen Frauen und Gaia, wurde, auf belastende Art und Weise von der dunklen Seite, zu ihrer eigenen Machtmanifestation benutzt und missbraucht.

Es gab in diesen Bereichen allerdings auch Täterinnen. Denn auch einige Frauen hatten ihre Anteile daran, dass solche Rituale stattfinden konnten.

Steigt in dir das Gefühl auf, dass so etwas bei dir, in der einen oder anderen Form zutreffen könnte, dann unternimm deine Reise in deine untere Welt. Von dort aus gehe in deine mittlere Welt. Hier besprich dieses Thema mit deinen Verbündeten. Sie werden dir weiter helfen und dir aufzeigen, welche Wege und Handlungen angebracht sind, um die alten Bindungen zu lösen und die frei gewordenen Energien zu heilen.

Es ist dazu nicht notwendig, dass du dir noch einmal ein derartiges Ereignis oder Ritual anschaust. Es reicht vollkommen aus, die alte Verbindung aufzulösen und die freigewordenen Energiefelder der Transformation und der Heilung zu übergeben. So kannst du über deine schamanischen Reisen nach und nach all deine alten Themen gehen lassen. Du kannst immer mehr, leichter, licht- und freudvoller im Hier und Jetzt ankommen.

In der nun endlich aktivierten „neuen Energie" können Auflösungen alter und hinderlicher Bindungen, Verbindungen, Ängste, Manipulationen und Verluste, wesentlich leichter durchgeführt werden. Je positiver und freudvoller du in deine schamanischen Welten gehst, desto positiver und freudvoller wird das Resultat für dich sein.

Deine Verbündeten, und die Kräfte des Lichtes, stehen mit all ihren Gaben und Begabungen voller Freude und Leichtigkeit bereit. Sie tragen dich durch die Anderswelt und durch die Auflösung alter Behinderungen. Und alles, was du in Licht und Liebe zur Transformation auflöst, und somit endgültig los lässt, kann dann zum Nutzen und zur Heilung der gesamten Schöpfung, mit der universellen Liebe, geheilt werden. Es kann sanft wieder an den eigenen Platz zurückkehren.

Löst du eine alte, hinderliche Verbindung, im strahlenden Licht der großen Göttin, des liebenden Gottes im Licht, oder des Christusbewusstseins auf, werden auch die dort mit gebundenen Energien aller anderen Beteiligten befreit. Diese können dann ebenfalls von den Kräften des Lichtes geheilt und transformiert werden. So können sich die dunklen Netze auflösen. Die Wege in die spirituelle Freiheit öffnen sich weit und voller Freude.

Diese Freude, diese Heilungsenergie, kann sich mehr und mehr ausbreiten, und durch alle Dimensionen strahlen.

Das Lichtkind, Kinder des Lichtes – Die strahlende Kraft

Als die Erde noch jung war, als ihr aus den verschiedenen Dimensionen hier auf diese Erde kamt, warst du reines Licht. Du warst ein zartes energetisches Wesen, das sich, mit zunehmender Dichte, dieser anpasste.

Die Seelen, die damals von den Sternen hierher kamen, begannen zu erschaffen, das Leben auf der Erde zu erfahren und ihre Lebensgrundlage zu entwickeln. Nachdem sie sich von den alten Kontinenten lösten, um sich auszubreiten, begannen auch die Vermischungen mit den Menschen, die ursprünglich zuerst auf Gaia beheimatet waren.

Es entstanden unendlich viele, friedliche, liebevolle Verbindungen und Kontakte. So lebten sich viele der sensitiven Sternenkinder auf Gaia ein und knüpften wunderschöne Kontakte.

Die bereits auf Gaia lebenden Menschen waren auch unterschiedlicher Wesensart. So begann jedes der Sternenkinder ganz eigene Erfahrungen zu sammeln. Nahezu immer und überall wurden diese Verbindungen als bereichernd gesehen und empfunden. Alle lernten voneinander im miteinander.

Die Sternenkinder und die Menschen begannen, mehr und mehr, ihre Wege miteinander zu gehen. Aus und mit dem Universum bestanden ganz klare Verbindungen. So wurde hier und dort eine gemeinsame Lebensgrundlage entwickelt und miteinander erschaffen, zum Wohle der Menschheit und zum Wohle Gaia´s.

Als die Verbindungen immer unklarer wurden, als sich die verschiedenen Dimensionen Gaia´s herausbildeten, entstanden die ersten schamanischen Reisen. Die auf Gaia lebenden Menschen und Wesenheiten suchten Wege, um weiterhin die Kontakte halten zu können, und so wurde das, was heute als ein schamanisches Fundament angesehen wird, von achtsamen Menschen immer weiter verfeinert, geübt und gelehrt.

Die Methoden und Wege des praktizierten Schamanismus können dir bis heute helfen Energien, wie z.B. das Lichtkind, die nun wieder miteinander verbunden werden können, stabiler und klarer wahrzunehmen und diese auch zu halten.

Durch das schamanische Reisen kann es für dich möglich werden, deine eigenen Energien ständig zu prüfen und, wenn es angebracht sein sollte, diese zu transformieren und zu heilen.

Nachdem sich die bekannten Dramen, hinsichtlich Lemuria und Mu, ergeben hatten, sahen viele lichtvolle Wesenheiten, die bereits intensiv die Zyklen Gaia´s studiert hatten, voller Sorge auf die Entwicklung auf der Erde. Sie sandten mehrere, besonders hochfrequente und besonders lichtvolle, weise Seelen in die Sphären Gaia´s. Die lichtvollen Wesenheiten begaben sich teilweise auch selbst hier hin, um direkt in der Dichte ein Teil der Entwicklung und der Zyklen zu werden.

Du findest in einigen alten Überlieferungen einen Hinweis auf die Kinder des Lichtes, beziehungsweise auf die Lichtkinder. Es ist dort auch eine Zahl angegeben. Diese Zahl hatte damals Gültigkeit für die eine Situation. Doch gab es etliche andere Phasen, in denen viele weitere Lichtkinder auf Gaia ankamen. Sie wurden, mit ihrem Einverständnis, über die Kontinente verteilt, in diese Sphäre gebracht. Ihre Integration wurde besonders intensiv gesteuert und überwacht, damit sie auf Grund ihrer hohen Sensitivität nicht leiden müssen.

Diese Lichtkinder durchlebten ganz spezielle integrative Maßnahmen, die später meistens in den jeweiligen Tempeln, oder an den entsprechenden Kraftpunkten der Erde, statt fanden. Sie waren und sind mit einer sehr hohen Wahrnehmung, mit einer strahlenden Aura, einer intensiven Verbindung zu den Kräften des Lichtes und den Bereichen des alten Wissens ausgestattet.

Von einem bestimmten Zeitpunkt des „Abstieges“ an, konnten die Lichtkinder ihre Frequenz, in der zunehmenden Verdichtung der Energien, nicht mehr halten. Sie wurden aus der Einheit der Seele abgespalten. So fand eine Trennung statt, die jedoch nur den Menschen selbst betraf, um dessen „Lichtkind" es ging. Beinahe alle Teile des multidimensionalen Seins verblieben in der Dichte Gaia´s. Nur die Energie des Lichtkindes, dieses wunderschönen und unendlich kraftvollen Lichtpotentiales, wurde in eine andere Dimension gehoben.

Es war die ganze lange Zeit über immer geplant, dass diese „Lichtkinder" zu den inkarnierten Teilen des multidimensionalen Seins zurück kehren, wenn die Dichte entlastet, und die dunklen Netze nach und nach aufgelöst werden.

Diese Zeit ist JETZT!

Es ist vollkommen angebracht die Verletzungen des „inneren Kindes" zu heilen, um auf diese Weise, langsam wieder Vertrauen in das Leben auf Gaia zu bringen und zu entwickeln. Denn die Resignation des „inneren Kindes" hat oftmals eine ganz tiefe Wurzel, die viel weiter zurück reicht, als nur in diese Inkarnation.

Da ist das tiefe Gefühl der Verlassenheit, der Einsamkeit, das Gefühl der Angst in einer Welt zu sein, in der keine Liebe und keine Wärme spür- oder wahrnehmbar ist. Die Angst des innere Kindes ist grenzenlos, und diese Angst führt zu den abstrusesten Reaktionen und Emotionen, die viele Menschen dann an sich selbst erleben.

Das bodenlose Entsetzen vieler lichtvoller Seelen, wenn ihnen bewusst wird, wo sie sind und was um sie herum geschehen ist, hat seinen Sitz und Wohnort unmittelbar in den tiefsten Chakren. Dieses innere Entsetzen sucht manches Mal Heilung durch übermäßige Sexualität und dem übersteigerten Bedürfnis nach Nähe.

Wenn du Zyklen des All-ein-seins nicht ertragen kannst und tief in dir Trauer, Resignation, das Gefühl des Verlassen-Seins verspürst, kann dies dich darauf hinweisen, dass du dich vor langer Zeit von deinem Lichtkind trennen musstest, um in der Dichte Gaia´s überleben zu können. Die tiefe Sehnsucht, nach dem wunderbaren Lichtkind, hat dann in dir eine große Leere hinterlassen.

Die Kinder des Lichtes wurden, von den Kräften des Lichts, in alle Bereiche Gaia´s inkarniert. Sie begleiteten die Menschheit bis in die Zeit der dunklen Netze. Sie waren Lehrerinnen und Lehrer, Weise, Priesterinnen und Priester. Sie fühlten sich, schon zu Beginn jeder Inkarnation, zu derartigen Bereichen hingezogen und berufen, da sie mit ihnen zutiefst vertraut und verbunden sind. Sie trugen so etwas Ähnliches wie eine „kosmische Datenbank" in sich und stellten mit ihrem strahlenden Licht die Verbindungen zwischen den Planeten und den Dimensionen her.

Je stärker die dunklen Netze wurden, desto weniger konnten die Kinder des Lichts es in dieser zunehmenden Dichte aushalten. Aus diesem Grund wurde von den Kräften des Lichtes beschlossen, die Lichtkinder aus der Dichte Gaia´s zu trennen um sie auf benachbarten Planeten und in anderen Dimensionen „zu parken" bis zu dem Zeitpunkt, an dem sie wieder integriert werden können.

Die Zeit, in der die Lichtkinder endlich zurück kehren können, hat vor kurzem begonnen. Und so ist vielen von euch, vielleicht auch dir, bereits seit längerer Zeit aufgefallen, dass die Kinder von heute ganz besondere Merkmale und Qualitäten besitzen, die für aurasichtige Menschen wie ein großes Strahlen aussehen.

Ihr nennt sie Indigo- und Kristallkinder und es ist wirklich so, dass sie besondere Qualitäten haben, denn sie sind die Kinder des Lichts, Lichtkinder.

Diese Kinder sind in ihrer Vollkommenheit inkarniert und haben ihr ganzes, wunderbares Potential mitgebracht, denn sie werden die Zukunft Gaia´s gestalten. Sie heben das Bewusstsein der Menschen an, bei denen sie inkarniert sind, und ... sie fordern Antworten.

Und wenn du es willst, dann kannst auch du die Zukunft Gaia´s, gemeinsam mit deinem Lichtkind, dem prachtvollsten Teil deines so genannten inneren Kindes, mitgestalten.

Die heutige Möglichkeit, das für viele Menschen abgespaltene Lichtkind wieder in diese Sphäre Gaia's zu holen, es in das spirituelle und körperliche Selbst und in das alltägliche Sein zu integrieren, ist eine wunderbare Chance ein großes Stück zur eigenen Ganzheit zu gelangen um das eigene Potential vollkommen zu entfalten.

Während der Heilungsarbeit mit dem inneren Kind zeigt sich immer wieder, wie mühselig sich das gestaltet und wie viel Unzufriedenheit da in Jeder wohnt, die oftmals auf die übersteigerte Präsenz des Ego mit seinen unerfüllten Bedürfnissen zurückzuführen ist. Ich bitte dich bei deinen Bedürfnissen immer einmal die Aufzählung der „Sieben Todsünden" mit einzubeziehen, denn du wirst oftmals darin die Ursachen deiner Unzufriedenheit oder deiner Bedürftigkeit finden.

Das Wecken und das dich erinnern an deine vier Kräfte, kann es dir ermöglichen bestimmte Themen leichter anzuschauen, und mit der notwendigen Bereitschaft dazu, kann es dir helfen in dir zu heilen.

Vielleicht magst du dem Kind in dir erklären, dass jedes Leben auf Gaia ein ganz eigenes Leben ist. Du kannst deinem inneren Kind dabei helfen, stolz und freudvoll zu sein und sich selbst zu gratulieren, dass es in dieser wunderbaren Zeit auf die Erde gekommen ist.

So kann es sein, das deine innere Kriegerin gegen ihren Zorn und ihre Energie kämpft und ständig versucht, diese zu unterdrücken. Sie hat dann einfach Angst vor ihrer eigenen Kraft und ihrem eigenen Potential.

Gehe in deiner Meditation zu ihr und biete ihr etwas an. Das kann eine asiatische Kampfsportart sein bei der es um Disziplin und Konzentration geht. Es kann aber auch genau so gut ein Boxsack sein, auf den sie gefahrlos nach Herzenslust einschlagen kann ohne irgendwelche Schäden anzurichten.

Beschäftige dich mit ihr, wie mit einem ratlosen Kind. Bemühe dich, ihr in ihrer Entwicklung zu helfen. Frage sie, in welchen Bereichen sie bevorzugt ihre Energien einsetzen möchte und welche Ziele sie für dieses Leben hat.

Ebenso verfahre mit deiner inneren Heilerin, deiner inneren Lehrerin und deiner inneren Priesterin. Suche dir Hilfe, wenn du das Gefühl hast nicht weiter zu kommen oder ratlos zu sein.

Um einen leichteren Umgang mit den Themen des inneren Kindes, und auch mit den vier Kräften, zu ermöglichen, habe ich mich entschlossen, euch in dieser Zeit mit eurem eigenen inneren Lichtkind wieder vertraut zu machen. Du warst unendlich lange Zeit von deinem Lichtkind getrennt und es kann gut sein, dass dein Lichtkind das Ziel deiner tiefen Sehnsucht ist.

Dein Lichtkind ist die Essenz deines inneren Kindes oder, besser formuliert, all deiner inneren Kinder, die jemals in und durch dich in vielen Inkarnationen auf Gaia gelebt haben. Dein Lichtkind ist eine Grundsubstanz deines Spirit, das lange Zeit nie mit inkarniert war auf Gaia. Dein Lichtkind blieb auf deinem Heimatplaneten, oder in deinem Heimatuniversum, als du dich entschlossen hast auf Gaia zu inkarnieren und dich in die Dimensionen Gaia´s zu begeben.

Jede Inkarnation auf Gaia beginnt mit der Kindheit, denn es gibt keinen anderen Weg der Menschwerdung, beziehungsweise Fleischwerdung, als die Geburt in körperlicher Form durch eine Frau. Natürlich gibt es Ausnahmen, doch da ihr dies zurzeit noch als festen Bestandteil eures Lebens seht, ist hier keine Veränderung möglich.

Aus meiner Sicht ist das Austragen und das Gebären eines Kindes, durch eine Frau, in vielen Bereichen und auch für diverse Frauen eine sehr starke Belastung für die Körperlichkeit einer Frau. In der weiteren Zukunft wird sich auch in dieser Beziehung auf Gaia noch einiges verändern, um Erleichterungen zu schaffen.

So hast du selbst seit langer Zeit jede Inkarnation als Neugeborenes begonnen. Du hast dabei immer wieder das Dilemma der unzureichenden Körperlichkeit erlebt. Jedes Mal hast du dich damit auseinandersetzen müssen, wie schwer es ist den Körper kennen und steuern zu lernen. Du warst jedes Mal in deinen ersten Lebensjahren wieder ganz mit dir, und deinem vertraut werden mit deinem physischen Körper, beschäftigt. Der Weg, mit dem eigenen Körper in Einklang zu kommen und herauszufinden, wie alles im rechten Maß miteinander verbunden und steuerbar ist, ist eine Herausforderung für jedes Kind.

Maha Cohan bietet dazu seine Erläuterungen zu den drei Selbsten an, damit dieser Vorgang leichter nachvollziehbar wird. Eine soeben inkarnierte Seele liebevoll und bewusst in das Leben zu begleiten, ihr beizustehen auf ihren Wegen und bei ihrem Wachstum, ist eine wunderbare Gelegenheit, die Zyklen mitzuerleben.

Denke einmal zurück. Sicherlich wirst du staunen, welch eine wunderbare Kraft solch einem kleinen Menschenkind zufließt, das sich bemüht, sich in das Leben zu integrieren und seinen Weg zu gehen.

Eine dieser Kräfte, die immer wieder Mut und Zuversicht in diesem kleinen Menschenkind am Leben erhält, ist das Lichtkind. Das Lichtkind kann noch so weit entfernt sein, es hat eine stabile und dauerhafte Verbindung, aus Farbe und Licht, zu deinem inneren Kind und somit auch zu deiner Seele oder eben zu deinem spirituellen Selbst. Diese Verbindung hat es somit natürlich auch zu dir als erwachsene Frau oder als erwachsenen Mann. Es ist unsterblich und unverletzbar. Es ist das göttliche Kind. Es ist der freie und lebendige Teil deines spirituellen Selbst.

Stell dir einmal vor: Du hattest fünfhundert Inkarnationen und in jeder Inkarnation hattest du ein „inneres Kind“!!!! Wie willst du all diesen inneren Kindern gerecht werden, wenn du jedes einzelne durch analysierst und therapierst? Löse dich von dem Denken der Bedürftigkeit und der Armseligkeit. Dein Leben verläuft zyklisch. Themen, die noch in deinem Unbewussten schlummern, können geweckt und transformiert werden.

Du brauchst dazu nur mit dir selbst verbunden bleiben und hinschauen, wenn dich etwas tief berührt. Wenn dies geschieht, dann kannst du dein Lichtkind bitten, dieses Thema zu heilen, denn du bist bereits auf einem Heilungsweg und auf dem Weg in die so genannte „Neue Energie". Löse dich aus deinen Masken, die das alltägliche Selbst vor dir her trägt. Erlaube dir, du selbst zu sein und lass zu, dass dein spirituelles Selbst dich führt.

Alle eure inneren Kinder schreien, sie hätten nicht genug Zuwendung bekommen, nicht genug Aufmerksamkeit, nicht genug Halt und nicht genug Liebe. Dabei seid ihr auf Gaia inkarniert, um genau das selbst zu geben. Ihr seid nicht inkarniert um es zu bekommen.

Du bringst all diese Gaben mit in deine Inkarnation, denn du bist auf die Erde gegangen um all diese Gaben wieder auf Gaia zu verankern. Du hast in all der Zeit nur vergessen, warum du inkarniert bist. Und nun möchte ich – Lady Portia - gern sehen, ob ich dir helfen kann, dich zu erinnern.

Dich zu erinnern, an die lichtvolle Seele, die du bist. Dich zu erinnern, an die wunderbare Kraft, die in dir ist. Dich zu erinnern an deine Göttlichkeit, an die strahlende Göttin oder den liebenden Gott in dir. Und dich an das „göttliche Kind" zu erinnern, das du in Wahrheit bist.

Du hast ständig das Gefühl im Mangel zu sein und erinnerst dich nicht an die Resonanzen? Sei offen und freundlich, gehe deinen Lebensweg in Leichtigkeit und in Liebe zum Leben, zu Gaia. Du wirst dann, ganz von allein, in die Resonanzen von Geben und Nehmen kommen.

Erlaube dir zu staunen, was Gaia dir alles aus freien Stücken, in all ihrer Freude und Liebe, schenkt. Bedanke dich bei ihr dafür, und schenke Gaia dein Lachen, deine Liebe und deine Leichtigkeit. Mit deinem Lichtkind erhältst du die Möglichkeit noch etwas viel Wunderbareres für Gaia zu tun.

Ich möchte dir damit erklären, dass du vielleicht manchmal, in einer Situation oder an einem Ort, sehr viel gibst ohne den geringsten Lohn oder Anerkennung zu erhalten. Doch Lohn und Anerkennung kommen dann von ganz woanders her. Sie kommen oftmals aus Bereichen, von denen du es niemals erwarten würdest. Denke daran, eine Heilerin heilt immer.

Vor langer Zeit, denn du lebst in und mit der linearen Zeit auf Gaia, als du noch reines, unberührtes Licht warst, gab es einen Teil von dir, der besonders heilig ist. Dies ist der Teil, der die Regeln des Universums kennt und ein tiefes Verstehen für das große Ganze hat. Dies ist ein Teil von dir, voll von göttlicher Weisheit und Liebe.

Diesen Teil hast du nicht mitgenommen in deine Inkarnationen auf Gaia. Du hast ihn dort gelassen, wo sein und dein Ursprungsort, wo sein und dein Anfang ist. Dieser Teil von dir konnte weder durch die Hallen von Amenti, noch durch die heilige Flamme mit hinab steigen in die Dichte Gaia´s. Er wurde auch nicht angepasst an die Dichte, als wir uns über Lemuria und Atlantis, immer weiter auf diese Sphäre eingelassen haben.

Als du dich in die Sphären Gaia´s begabst, als du dich bereit erklärtest zu all den Erfahrungen in vielen Leben, die dich zu der haben werden lassen, die du heute bist, hast du diesen strahlenden Teil zu Hause gelassen. Dieser Teil von dir konnte nicht soweit in die Dichte transformiert werden, dass er oder sie hier hätte existieren können. Den Transformationsweg, um den es hier geht, findest du in meinem ersten Buch. „Lady Portia – Die vier Kräfte.

Tief in dir schlummert die Erinnerung an diesen lichtvollen Teil von dir, an das göttliche Kind, das zu dir gehört und weit entfernt sein strahlendes Licht lebte, während du in der Dichte Gaia´s gefangen warst. Eine tiefe Sehnsucht hat dich immer wieder an diesen Teil von dir erinnert. In der neuen Energie, die sich nun endlich auf Gaia manifestiert, kann dieses, dein Lichtkind endlich wieder bei dir sein. Es kann dich endlich wieder mit seinem strahlenden Leuchten erfüllen.

Dieser Teil ist DEIN Lichtkind. Es ist die Essenz deines inneren Kindes, die Essenz deiner Seele, deines spirituellen Selbst.

Das Lichtkind ist unverletzbar, unzerstörbar. Es ist reines Licht, reine göttliche Essenz, geboren aus der großen Mutter-Göttin und auf ewig mit ihr verbunden. Es führt dich an einem Faden aus Licht, lässt dich Wege und Straßen gehen, die du nie für möglich gehalten hättest und … es kann alle deine Wunden heilen, so du es denn willst und bereit bist loszulassen und dich einzulassen auf dein Lichtkind.

Wie ist deine Beziehung zu Kindern ganz allgemein, zu Menschen- und Tierkindern und zu den kleinen Blumen, die sich mit viel Kraft aus dem Erdreich ans Tageslicht arbeiten? Hast du nicht ganz oft das Gefühl sie zu bewundern, wie sie so unbefangen und mutig ins Leben kommen? Beschleicht dich nicht auch ganz oft die Angst, dass ihnen weh getan werden könnte, so wie dir weh getan wurde?

Suchst du nicht unendlich viele Wege, um das nicht mehr anschauen zu müssen, weil du das Gefühl hast, ihnen nicht helfen oder ihnen nicht beistehen zu können? Magst du deswegen lieber keine Mitgeschöpfe um dich herum haben, die deiner Fürsorge und Zuwendung bedürfen? Dann hast du den Kontakt zu deinem Lichtkind vollkommen verloren. Du hast dann auch den Kontakt zu deinem inneren Kind aus und in dieser Inkarnation verloren. Dies ist traurig genug. Doch sorge dich nicht, denn der Kontakt zu deinem inneren Kind, und wenn du magst sogar zu deinem Lichtkind, kann wieder hergestellt werden. Es wird dir helfen, wieder Vertrauen in den Fluss des Lebens und in die wechselnden Zyklen Gaia´s zu bekommen.

Die Lichtkinder können nicht in jede Schwingungsdichte gehen, denn sie sind sensibel und fein. Und doch sind sie gleichzeitig eine strahlende Kraft. Gaia´s Schwingung hat einen Punkt erreicht, der es den Lichtkindern möglich macht, zurück zu kommen oder zurück gerufen zu werden.

All die Lichtarbeiter, Lichtwirker und Lichtbringer, die nun auf und mit Gaia aktiv sind, haben es mit Gaia gemeinsam ermöglicht, dass Gaia´s Dichte leichter und feiner geworden ist. Daher kann nun auch das Lichtkind, diese unendlich strahlende Farbenpracht, seinen Weg zurück zu dir finden.

Ich schenke dir hier eine Meditation, die du dir auf Kassette sprechen kannst, oder auch von einer liebevollen Freundin vorlesen lassen kannst, um in Kontakt mit deinem inneren Kind und darüber hinaus mit deinem Lichtkind treten zu können.

Wende diese Integration bitte erst dann an, wenn deine vier Kräfte in dir in Harmonie miteinander sind.

Meditation: Dein strahlendes Lichtkind integrieren

Suche dir einen entspannenden und geborgenen Ort. Lege dir sanfte, ruhige Musik ein und entzünde eine Kerze in einer Farbe, die dir passend erscheint. Visualisiere um dich herum eine Farbe, die sich für dich angenehm und harmonisch anfühlt. Erlaube dir, dich vollkommen zu entspannen.

Lass deinen Atem ganz sanft durch deinen ganzen Körper fließen. Nimm dabei wahr, wie dein Atem, ganz von allein, alle deine elf Chakren aktiviert und harmonisiert.

Bist du entspannt und spürst in dir Harmonie, dann begib dich in deine untere Welt, und von dort in deine mittlere Welt. Begrüße all deine Verbündeten und versichere dich, dass dort alles so ist, wie du es magst. Versichere dich, dass dort alles so ist, wie du es magst, wie es richtig und schön für dich ist.

Nun betrachte dir deine vier Kräfte. Sind sie in harmonischer Eintracht beisammen? Sollte das nicht so sein, dann bitte sie darum, dass Jede dir mit ihrer Kraft hilft diese Harmonie herzustellen.

Sie werden es mit Freude tun. Vielleicht stellst du ihnen einen schönen, runden Tisch in deine mittlere Welt an dem sie gleichberechtigt Platz nehmen können? Oder lass einen schönen Kreis aus Kristallen in deiner mittleren Welt entstehen.

Setze dich mit deinen vier Kräften in diesen Kreis hinein. Bitte all deine Verbündeten, bei der nun folgenden Zeremonie, anwesend zu sein. Genieße deinen Aufenthalt in dieser vertrauten Atmosphäre, in deinem wunderbaren, geschützten heiligen Raum.

Dekoriere diesen Ort mit all den schönen Dingen, die du magst. Visualisiere in der Mitte dieses Ortes einen Kristall mit einer Spitze, die nach oben weist. Lass deine vier Kräfte um den Tisch herum Platz nehmen, und bitte sie, dass Jede ihre Energie in diesen Kristall sendet.

Schau einfach einfach nur zu. Irgendwann wirst du sehen, dass aus der Spitze des Kristalles ein Strahl aus Regenbogenfarben immer weiter aufwärts steigt, sich ausbreitet und ausdehnt.

Dieser Strahl wird bis in die Unendlichkeit des Universums wachsen und wandern. Deine vier Kräfte werden die Energie so lange halten, bis der Regenbogenstrahl den Kontakt zu deinem Lichtkind hergestellt hat. Dieser Regenbogenstrahl kann für dein Lichtkind das Signal sein, dass es jetzt, und zwar genau jetzt, zu dir in dieses Leben auf Gaia kommen kann.

Dein Lichtkind wird auf einem der kristallinen Farbstrahlen seinen Weg in deine innere Landschaft finden, denn seine Schwingung und seine Energie drücken sich in seiner ganz eigenen Farbe aus.

Irgendwann siehst du ein intensives, leuchtend strahlendes Energiefeld sanft und langsam auf deinen Kraftplatz herab kommen. Deine vier Kräfte halten den Strahl, auf dem das Lichtkind reisen kann.

Warte du einfach ab, was geschieht. Es kann sein, dass dein Lichtkind sofort zu dir kommt und mit dir verschmilzt, weil es schon lange darauf gewartet hat endlich wieder mit dir vereint zu sein.

Es kann aber auch sein, dass dein Lichtkind eine Weile dort bei deinen vier Kräften bleiben möchte, um erst einmal sanft in diese Sphäre zu kommen und hier vertraut zu werden.

Es ist dort bestens aufgehoben. Überlasse deinem Lichtkind diese Entscheidung. Es ist eine Energie aus Weisheit und Liebe. Vertraue auf seine Entscheidungen!

Möchte dein Lichtkind erst einmal dort, bei deinen vier Kräften, bleiben, dann besuche es so oft du kannst in deinen Meditationen, bei deinen schamanischen Reisen.

Verschmilzt es sofort mit dir, dann stelle dich darauf ein, dass seine wunderbare Kraft sich nun in und durch dich in dieser Schöpfung entfaltet. Nimm es voller Freude und Liebe an.

Schaue genau auf die Farbe die es hat und tue alles dazu, die Weisheit und die Liebe, die es ist, aus dir heraus erstrahlen zu lassen.

Bedanke dich bei deinen vier Kräften für ihre Hilfe und gib den Kristall in das Universum zurück.

Lass den runden Tisch oder den Ort so schön, wie du ihn geschmückt hast und schau nach, ob deine vier Kräfte noch eine Botschaft oder einen Hinweis für dich haben.

Wenn du soweit bist, dann verabschiede dich, atme tief ein und aus, spüre voller Freude und Liebe in deinen Körper hinein und komme, auf dem gleichen Weg, auf dem du gekommen bist, zurück in das Hier und Jetzt.

Wenn es dir möglich ist, tue nun etwas besonders schönes und feiere die Rückkehr deines Lichtkindes in diese Schöpfung.

Anker des Lichts für Lemuria - Die Farben des Lichtkindes

Jedes Lichtkind trägt eine Farbe in einer Schönheit und Strahlkraft, die - noch nicht - von dieser Welt, von dieser Dimension ist, in der du dich gerade befindest.

Wenn du dein Lichtkind rufst und es sich zu dir auf den Weg macht, dann kommt es von einem anderen Planeten dieses Universums; manchmal auch aus einem anderen Universum. Wenige Lichtkinder haben ihren Heimatort hinter der Zentralsonne. Für diese Lichtkinder gelten besondere Regeln, auf die ich dich später noch hinweisen werde.

Dein Lichtkind ist von einer neonartigen Farbe; egal ob es grün, blau oder rosa ist. Seine Farbe hat eine Präsenz und Strahlkraft, die alles „in den Schatten" stellt, was du aus deiner Realität auf Erden kennst.

Diese Farben findest du ansonsten nur ganz tief in deinen Erinnerungen an Lemuria, dem Ort deiner Sehnsucht, oder in deinen Erinnerungen an deine Sternenheimat. Diese Farben, und die dazu gehörenden Schwingungen des jeweiligen Lichtkindes, wurden mit der Anhebung Lemuria´s, in eine andere Dimension, fort genommen aus dieser Dimension, in der du dich derzeit inkarniert hast.

Hast du dich genau hier, wo du jetzt gerade bist und diese Worte liest, inkarniert, um diese Farben hierher zurück zu bringen? Fehlen dir all diese wunderbaren, strahlenden Farben?

Rufst du dein Lichtkind aus tiefstem Herzen, aus deiner tiefsten Sehnsucht heraus die in dir ist und bittest es zu dir nach Hause zu kommen, dann wird diese Farbe sich durch dich manifestieren. Sie wird ihren Weg in deine Dimension finden.

Die Farbe deines Lichtkindes stellt einen Anker des Lichts für Lemuria in deiner Dimension dar. Auf diesem Farbstrahl können die Welten miteinander verbunden werden. Die Kraft und die Intention der Farbe deines Lichtkindes, können dann bis in die Tiefen Gaia´s, bis in dein Erdchakra, gesenkt werden, wenn du es möchtest.

Die Farbe deines Lichtkindes verändert sich nicht. Es kann allerdings sein, dass verschiedene Menschen sie unterschiedlich wahrnehmen. Das hat mit den unterschiedlichen Wahrnehmungen jedes Einzelnen zu tun.

Ist es dir gelungen, dein Lichtkind in der oben genannten Meditation zu dir zurück zu rufen, dann beschäftige dich mit der Farbe deines Lichtkindes. Umgib dich mit dieser Farbe. Trage, zum Beispiel, Edelsteine in dieser Farbe und/oder kleide dich in der Farbe deines Lichtkindes.

Denke daran, dass dein Lichtkind keine Erinnerungen an deine vergangenen Inkarnationen hat. Es war nicht anwesend während all deiner traumatischen, mächtigen und ohnmächtigen Leben. Es ist einfach die strahlende Kraft der großen Göttin, ein unmittelbarer Ausdruck des großen kosmischen Seins. Die Erinnerungen oder Erfahrungen deines Lichtkindes ruhen unmittelbar in seinem universellen Wissen um viele Dimensionen.

Es hat keine Angst und es hat keine Sorge. Es ist reines Sein aus sich selbst heraus, und es ruht in sich selbst.

Es trägt das tiefe Wissen, dass alles richtig ist so, wie es ist und, dass alles heilen kann. Es fordert dich auf alles loszulassen, was dich auf deinem Weg hindert oder bremst. Denn es trägt kosmische Erinnerungen und das Wissen um den großen Schöpfungsplan. Es begegnet dieser Dimension vollkommen unbefangen. Es hat weder Interesse noch Bereitschaft sich darauf näher einzulassen. Es sieht deinen derzeitigen Aufenthaltsort nur als eine kurze Phase im kosmischen Tanz an.

So kann es sein, dass du von oder durch dein Lichtkind die Lösung aller rein menschlichen Themen erwartest, Themen, die dein Ego beschäftigen, die wenig oder gar nichts mit den kosmischen Zusammenhängen zu tun haben. Wenn dies so ist, dann versuche, eine weite und gelöste Perspektive einzunehmen und Gaia als Planeten im kosmischen Tanz zu sehen.

Siehst du nun, wie klein du bist im kosmischen Gefüge? Nimm dein Ego nicht so wichtig, arbeite daran mit Hilfe deines Lichtkindes. Seine Energie steht dir einfach zur Verfügung und es kann geschehen, dass ein kleines Ego-Thema sich ganz plötzlich in Luft auflöst, als hätte jemand einen Stöpsel herausgezogen.

Lass es geschehen, bedanke dich und freue dich an dieser wunderbaren Lebenskraft. Freue dich, dass dein Lichtkind beiträgt zu den anstehenden Veränderungen. Es kann dir helfen, die Schwingung Gaia´s zu erhöhen.

Verankere täglich die Energie deines Lichtkindes bis tief in dein Erd-Chakra. Lass alle Ebenen deines Seins, und Gaia´s Seins wissen, dass du da bist, dass deine Essenz zurück gekehrt und wieder da ist.

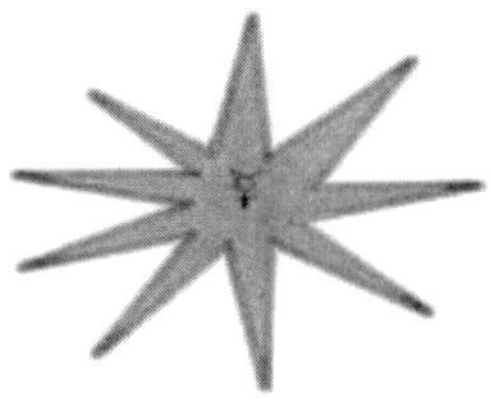

Kinder dieser Zeit und aller Zeiten

Bist du eine Frau? Bist du eine Frau, der bewusst ist, welch eine Gabe du von der großen Göttin erhalten hast, mit deiner Möglichkeit Kinder zu gebären? Ist dir bewusst, welch eine Verantwortung damit in deine Hände gelegt wurde? Tausend Männer können dich umschwärmen, dir schöne Worte in dein Ohr flüstern, dir den Hof machen. Es ist deine Entscheidung, wem du erlaubst, mit dir ein Kind zu zeugen. Du entscheidest, wem du dich hingibst und wessen Samen du empfängst. Du entscheidest, wer sich fortpflanzen wird. Das ist die Verantwortung einer Schöpfergöttin und es ist auch die Kraft der großen Göttin.

Ich wies bereits in meinem ersten Buch darauf hin, dass du mit deinem Denken und Handeln eine Seele anziehen wirst. Deine Wünsche und Vorstellungen stehen immer in Resonanz. Sie rufen eine Seele aus dem Bereich, der dazu kompatibel ist.

Siehst du die Empfängnis eines Kindes als Möglichkeit zu deiner Versorgung, oder möchtest du über ein Kind einen anderen Menschen an dich binden? Ist es für dich wichtig, wie alle dich umsorgen, wenn dein Bauch wächst? Willst du ständig darüber reden, dass du ein Kind erwartest? Gehst du davon aus, dass dieses Kind dir Wege eröffnet, die sich dir sonst nicht eröffnen würden?

Dann wirst du eine entsprechende Seele anziehen! Du trittst in Resonanz zu den verschiedenen Monaden, aus denen sich eine Seele zu dir hingezogen fühlen kann. Bist du voller Liebe und Freude, in Einklang mit dir und deinem Leben und siehst ein Kind als das an, was es ist, dann wird eine zu dir in harmonischer Resonanz stehende Seele sich auf den Weg machen, um sich durch dich zu inkarnieren, um mit dir gemeinsam zu wachsen und zu lernen.

So, wie eine Hündin keine Katzen gebiert, wirst du kein Kind bekommen, das nicht auf irgendeiner Ebene Ausdruck deiner Selbst ist. Du bist die

Schöpfergöttin, die Mutter. Du kannst nur gebären, was in irgendeiner Weise kompatibel und im Einklang zu und mit dir ist.

Nun mache dir einmal klar, was alles in dir schlummert. Denke an die lange Reihe der Ahninnen und an ihre Leben. Denke an all die Länder, in denen deine Ahninnen gelebt haben, und denke an all die Spiritualität, die ihnen vermittelt wurde. Mach dir bewusst, dass in dir ein unendliches Potential vorhanden ist. Dies ist das Potential einer Schöpfergöttin. Aus diesem unendlichen Potential wird dein Kind entstehen. Es wird in dir heranwachsen, alles wahrnehmen was du wahr nimmst, alles spüren was du spürst. Und je nach Grundstruktur der Seele wird dieses Kind sich bei dir wohl fühlen und in Freude heran wachsen, oder es wird sich klein und eng in den letzten Winkel deines Leibes zurück ziehen und voller Angst und Schrecken seiner Geburt auf diese Erde entgegensehen.

Mach dir bewusst, welch eine Macht du hast und entscheide dich. Nimm die Verantwortung an wie eine Göttin, wie eine Kriegerin des Lichtes. Bist du bereit einer Seele den Weg in diese Schöpfung zu bereiten, dann tue dies mit ganzem Herzen und erfülle deine drei Herzen mit der Liebe der Schöpfergöttin.

Es wird eine Seele zu dir kommen, die dich braucht, dich fordert, die vollkommen auf dich angewiesen ist. Sie kann dich reich beschenken mit ihrer unendlichen Liebe und Hingabe, wenn du dich auf eine entsprechende Seele eingestimmt hast.

Denke daran: In diesem Universum ist alles da. Die Macht der Göttin in dir, legt die Gestaltung dieses Universums mit in deine Hände. Bei den Gedanken dazu bekommst du die Möglichkeit, dich weit über die Grenzen deines Egos zu entwickeln, denn du erklärst dich bereit eine Regenbogenbrücke für die Generationen zu werden. Damit denkst du über deinen physischen Tod hinaus und gehst auf in dem Wunsch und der Sehnsucht, eine friedliche, harmonische Welt zu erschaffen, in der alle miteinander sein können.

Gaia war einst ein Planet der Kontemplation, auf dem sich alle Wesen aus allen Dimensionen trafen, um die Schönheit und die Vielfalt dieser Schöpfung zu genießen, davon zu lernen und darin zu wachsen.

Gaia´s Gesetz ist das Gesetz der Resonanz. Seid ihr in Harmonie, wird die Schöpfung um euch herum ebenfalls in Harmonie sein. Durch die Resonanz lernt ihr euch selbst kennen. Welche Resonanzen erzeugt ihr? Sind es Resonanzen der Liebe und der Freude? Oder sind es Resonanzen aus Wut und Zorn? Resonanzen aus Verzweiflung und Schmerz?

Die Göttin hat unendlich viele Aspekte. Daher lade dir jetzt nicht das ganze Schicksal der Menschheit auf. Damit wirst du die Freude und die Liebe verlieren. Entscheidest du dich, eine Regenbogenbrücke zu sein, und nimmst deine Verantwortung an, dann beginne in deinem Raum und in deinem Umfeld. Schütze all die, die deines Schutzes bedürfen. Nähre all die, die deiner Nahrung bedürfen und beginne damit unmittelbar vor deinen Füßen.

„Tue dort Gutes, wo du jetzt gerade stehst und gehst.
Dann hast du wohlgetan“.

Übernimm die Verantwortung für dein Handeln und für dein Tun. Übernimm die Verantwortung für deine Schöpferinnenkraft. Ganz besonders dann, wenn du bereit bist, einer Seele den Weg zu Gaia zu ermöglichen.

Die Mutterschaft ist eine ganz besondere Zeit für eine Frau, und natürlich auch für einen Mann die Vaterschaft.

Als Frau kannst du eine Tochter oder einen Sohn in diese Schöpfung einladen. Und genau das ist eine große Herausforderung für alle Frauen.

Denke immer daran, die große Göttin liebt ihre Töchter und sie liebt ihre Söhne. Sie liebt all ihre Kinder und verschenkt ihre Gaben an beide.

Lehre deine Kinder respektvoll miteinander umzugehen und sich möglichst liebevoll zu begegnen. Erlaube deinem Sohn ein Mann zu werden. Sorge dabei für männliche Vorbilder und männliche Gesellschaft. Du hast die Möglichkeit hin zu schauen und zu reagieren. Nimm deine Mutterschaft ernst und erkenne deine Grenzen als Frau, wenn du Mutter eines Sohnes bist.

Löse dich irgendwann ganz bewusst ab von deinem Sohn.

Von einem bestimmten Zeitpunkt an, braucht er keine fürsorgliche Mutter mehr. Er braucht dann einen anleitenden Vater, der ihm hilft, ein Mann, und somit ein Ausdruck des männlich-göttlichen in dieser Schöpfung zu werden.

Sprich mit deinem Sohn über dein Frau-Sein, über deine Gefühle, und erlaube euch sie gemeinsam anzuschauen. Mütter sprechen leichter mit ihrer Tochter über das, was sie wirklich bewegt, und viele Frauen haben auch den eigenen Söhnen gegenüber ein ausgeprägtes Rollenverhalten. Hab den Mut deinen Töchtern und Söhnen von dir und deinem Leben, von deinen Gefühlen, von deinen Sehnsüchten und Träumen zu erzählen.

Kinder möchten verstehen, und sie begegnen dir aufmerksam und liebevoll. Sie möchten dich kennen lernen. Unendlich viel Liebe und Menschlichkeit kann entstehen und wachsen, wenn du bereit bist, dich auf sie einzulassen und ihnen erlaubst, dich zu spüren.

Die Schöpferinnenkraft der Göttin in dir in der Dualität

Du lebst in der sogenannten Dualität, doch was ist Dualität?
Was bedeutet dieses Wort im kosmischen Zusammenhang. Was verstehst du unter Dualität?

Solange du glaubst, in der Dualität zu sein oder ein duales Wesen zu sein, kannst du dich, und auch andere Menschen und Wesen, nicht als vollkommenes göttliches Wesen erkennen. Du bist weder getrennt noch musst du dich trennen. Es ist nur dein abstraktes Denken, welches dich trennt. Und so ist auch das Wort „Dualität" nur ein Wort, welches durch deine Versuche, es ganzheitlich zu erfassen, überhaupt erst zu einem Begriff werden konnte. Auf diese Weise trennst du dich, über dein Denken, von Allem-was-ist.

Auf die gleiche Weise wurdest du von den Engeln und den Feen, und all den Wesenheiten der anderen Dimensionen getrennt. Es war nicht möglich dich zu trennen, außer du glaubtest, dass es möglich ist und trenntest selbst dieses Wissen aus deinem Sein, aus welchen Gründen auch immer.

Die Gründe aus denen heraus all das geschah, und noch immer geschieht, sind unerheblich. Du selbst kannst dich entscheiden, Du kannst als mehrdimensionales Wesen auch mehrdimensional wahrnehmen. Es ist deine Entscheidung, dein freier Wille.

Der Kosmos, das unendliche All, das große Nichts, oder wie auch immer du es nennen würdest, ist die unendliche Schöpfergöttin aus der sich alles manifestiert, aus der alles entsteht und in eine Form kommt. Durch ein Zusammenspiel an Tönen und Farben entsteht aus dieser unendlichen Schöpferinnenkraft eine Form, eine Manifestation.

Sie erschuf alles was du kennst, was du sehen und fühlen kannst. Sie erschuf die Sterne aus sich selbst heraus. Alles was du siehst, wenn du in der Nacht in den Himmel schaust, wurde von ihr erschaffen. Alles was du siehst, wenn du vor deine Füße schaust, wurde von ihr erschaffen, und alles was du siehst, wenn du an dir hinunter schaust, wurde von ihr erschaffen, aus ihr heraus geboren.

Diese Schöpferinnenkraft, diese Schaffenskraft, gab und gibt sie so weiter, wie es ihr eigen ist. Sie erschafft aus der Lebendigkeit und aus der Freude heraus. Sie hat für dich ein unendliches Universum erschaffen, geboren, welches aber nur ein Universum von vielen ist. Und sie hat alles so erschaffen, dass es den Weg zu ihr zurück finden wird.

Sie wird dir immer wieder sagen: „gehe spielen mein Kind. Spiele in meiner Schöpfung, sei ein wunderbarer Teil meines Seins, und kehre immer wieder zurück zu mir, in meine unendliche Liebe. Fühle dich geborgen in mir. Lass dich von meiner Liebe nähren und halten. Und sei immer gewiss, dass du niemals verloren gehen kannst. Wo du hinschaust, siehst und spürst du mich und meine Liebe zu dir, denn aus mir bist du entstanden und zu mir kehrst du zurück."

So erschuf sie die Göttin und den Gott, um dieses lebendige Spiel aus sich selbst heraus zu bereichern und wachsen zu lassen. Sie gibt dir die Möglichkeit mal als männlich göttlich, mal als weiblich göttlich in den Universen deine vielen Leben zu leben und dich zu erproben als wunderbarer Teil dieser unendlichen Göttin. Viele Menschen nennen sie die Sternengöttin, die sie auch wahrhaft ist. Denn auch die Erde - Gaia- ist ein Stern in diesem Universum.

Sie ist der manifestierte und sichtbare Teil der Göttin in all ihrer wunderbaren Schöpferinnenkraft. Sie ist ein Spiel der Resonanzen und der Reflektionen, ein Spiel der Farben und des lebendigen Tanzes.
Immer weiter geht der Tanz des Lebens.

Und so sind die Göttin, und der liebende Gott, kein Ausdruck der Dualität, sondern ein Ausdruck der Ganzheit. Bist du auf der Suche nach deiner „Dualseele", wirst du immer die Seele als deine Dualseele betrachten, die dir zu genau der Zeit deiner Suche als Dualseele erscheint um dir zu deiner eigenen Ganzheit zu verhelfen. Diese Seele wird dich ein Stück deines Weges begleiten solange, bis du die durch sie präsentierten Themen in dir geheilt und harmonisiert hast. Danach wird dir eine andere Seele als deine „Dualseele“ erscheinen.

Du kannst keine endgültige und letzte Dualseele finden, weil du aus dir selbst heraus vollkommen bist, ganz egal in welcher Form und in welchem Ausdruck du inkarniert bist. Die angeblichen Dualseelen sind immer die Begleitung einer Zeit, oder einer Phase, um dir den Weg in deine Vollkommenheit, als lebendiger Ausdruck der lebendigen Schöpfergöttin, zu weisen.

Genauso, wie die große Schöpfergöttin in sich selbst vollkommen ist, bist auch du in dir selbst vollkommen. Die tiefe Sehnsucht nach deiner Vollkommenheit lässt dich viele Wege der Suche gehen.

Diese Wege haben dich, und uns, durch Äonen gehen lassen. Sie haben uns erlaubt, die Entwicklung der Erde mit zu gestalten. Sie haben uns erlaubt, für eine lange Zeit mit Gaia zu sein und mit ihr zu leben, um auch Gaia als Ausdruck der Sternengöttin zu einem wunderschönen Teil des großen kosmischen Tanzes werden zu lassen, und ihr immer wieder zu helfen, zu heilen und, wie ihr es nennt, „aufzusteigen“. Das Wissen um diesen Schöpfungsplan, hat dir immer wieder den Mut und die Zuversicht gegeben, auf dem richtigen Weg zu sein.

Spürst du in dir diese unendliche Liebe zu der Schöpfung, in der du lebst? Fühlst du in dir das Bedürfnis, für diese Schöpfung zu sein und zu leben? Entdeckst du die Schöpfung immer wieder mit staunenden, verblüfften und liebenden Augen? Dann bist du verbunden mit der großen Schöpfergöttin, der Muttergöttin von allem, was ist. Dann bist du vollkommen verbunden mit deiner göttlichen Essenz, mit deinem Lichtkind.

Immer wieder und oft hast du dich gefragt was dich treibt weiter zu gehen, zu suchen was du nicht beschreiben kannst. Dann hast du es oftmals erkannt ohne dieses Erkennen mit anderen Menschen teilen zu können. Hast du es vermisst, dass du dein Erkennen nicht mit anderen Menschen teilen konntest oder kannst? Oder hat es dir geholfen bei dir selbst anzukommen und dich selbst kennenzulernen, in deiner eigenen Vollkommenheit?

Erkennst du deine Vollkommenheit, und dich selbst, als lebendigen Ausdruck der Göttin an, löst du dich aus dem Wunsch nach Anerkennung durch andere Menschen. Erstrebenswert wird für dich nur noch der Wunsch nach Weiterentwicklung. Du lernst dich selbst staunend erkennen, als das Wunder, in einer wundervollen Schöpfung. Du beginnst, deine Vollkommenheit auszustrahlen. Auf diesen Strahlen kann dein Lichtkind zu dir reisen, bei dir sein und mit dir hier in dieser Sphäre Gaia´s leben.

Löse dich von dem Begriff der Dualität. Alles ist vollkommen und ganz, so wie es ist. Alles dient dir dazu, dich selbst zu erkennen. In dem Bewusstsein der Dualität zu leben bedeutet, dass du eigene Bedürfnisse, Anteile oder Sichtweisen als getrennt von der Schöpfung betrachtest. Oder gehst du davon aus, dass du selbst unvollkommen bist? Dann musst du natürlich im Außen suchen, um das vermeintlich in dir fehlende zu finden. Gibt es in dir keine Einschränkung, Wertung und Grenzen mehr, dir selbst gegenüber, dann hast du die Dualität verlassen.

Du bemerkst das daran, das du kein „Feindbild" mehr hast, und daran, dass du alles, was dich umgibt, als Ausdruck der Schöpfung erkennst und anerkennst.

Verwechsele das nicht mit den „Ich-Grenzen", die auch nach dem Verlassen der Dualität immer noch erhalten bleiben um dich auf deinem Weg zu führen. Maha Cohan hat bereits erklärt, dass aus dem Ego ein klarer Diamant werden darf. Wenn du das Bedürfnis verspürst dich zurückzuziehen, dann ist das vollkommen in Ordnung. Das hat nichts mit einer Rückkehr in die Dualität zu tun.

Du solltest niemanden für schuldig an deinen Bedürfnissen erklären, denn das wäre ein Ausdruck der Dualität. Solange du dir, durch andere Menschen oder Tiere, einen Grund kreierst, um dies oder jenes tun zu dürfen, befindest du dich in der Dualität. Erlaubst du dir jedoch, das Handeln und Sprechen aus dir heraus, in der klaren Wahrnehmung deiner Bedürfnisse, und benötigst keine Abgrenzung durch Wertung, dann hast du die Dualität überwunden.

Mache dir immer wieder bewusst, dass der Begriff „Dualität" eben nur ein Wort ist. Lass dieses Wort niemals zu deiner inneren Einstellung werden. Du bist als Seele vollkommen in deiner Ganzheit. Daher sei achtsam mit dem Begriff der Dualität, damit nicht das Gefühl des Mangels in dir entsteht, weil du in deiner Dimension an deine körperliche Form gebunden bist. Du bist vollkommen als Frau und du bist vollkommen als Mann.

Achte einmal darauf, dass immer zuerst das Gefühl oder der Impuls da ist. Erst danach fängt das Gehirn an Begründungen zu konstruieren, die du dann verbalisierst um dir deine Wünsche und Bedürfnisse zu rechtfertigen.

Das geht normalerweise sehr schnell, denn ihr seid darauf trainiert, und wer am besten argumentiert, bekommt beinahe immer seine Bedürfnisse am schnellsten erfüllt.

Trainiere immer wieder deine Gefühle und die Energien zu erspüren und verbiete deinem Gehirn Begründungen zu konstruieren. So wirst du mit der Zeit immer mehr mit deinem spirituellen Selbst in Einklang kommen.

Die Dimensionen durchdringen einander und manches Mal werden die anderen Dimensionen, mit einem oder mehreren deiner Sinnesorgane, für dich wahrnehmbar. Dann „siehst" du einen Engel oder eine Fee, oder auch das Licht einer aufgestiegenen Meisterin oder eines aufgestiegenen Meisters. Dann haben sich die Dimensionen miteinander verwoben. Dir wird klar, dass sie mit- und nebeneinander existieren.

Um in dieser mehrdimensionalen Wahrnehmung Sicherheit zu erlangen, benötigst du eine intensive Gefühlssicherheit. Ansonsten besteht die Gefahr, dass du deine ungeklärten Emotionen als mehrdimensionale Wahrnehmung einstufst. Menschen sind durchaus in der Lage sogenannte „Elementale" zu erschaffen.

Den Unterschied erkennst du leicht daran, wenn die Worte der Kräfte des Lichts auch für dich inspirierend sind. So wird eine Zusammenarbeit mit den Kräften des Lichts auch immer deine „unaufgeräumten“ Themen ans Licht befördern. Du hast dann manches Mal das Gefühl, mit dem Gesagten nicht so ohne weiteres zurecht zu kommen, oder du spürst eventuell einen Widerstand in dir.

Die feine Energie der Lichtkräfte bemüht sich immer, dass auch du auf deinem Weg weiter gehst um Blockaden deines Ego ans Licht zu bringen. So kannst du sie dir anschauen, bereinigen und heilen.

Bei der Entstehung Gaia´s entstanden ebenso die verschiedenen Dimensionen. Genauso wie deine Aura verschiedene Schichten hat, besitzt auch Gaia diese verschiedenen Schichten. Aus deiner Sicht nennst du diese Schichten die Dimensionen.

Du selbst lebst in einer Dimension die eine stabile Dichte für deine Körperlichkeit hat. Doch sind auch all die anderen Dimensionen vorhanden, die zu Gaia´s Aura gehören, in denen sich die Engel der verschiedenen Ebenen und auch wir, die aufgestiegenen Meisterinnen und Meister, aufhalten. Nun sind wir, ebenso wie ihr, nicht an eine Dimension gebunden. Wir bewegen uns durch verschiedene Dimensionen, von zum Beispiel einer Auraschicht, beziehungsweise Dimension, Gaia´s in eine andere Auraschicht, oder in die Dimension der Venus usw. So bewegst auch du dich auf deinen schamanischen Reisen in den verschiedenen Dimensionen deines Seins. Du verstehst dich selbst immer besser als eine mehrdimensionale Seele, als einen Teil der Einheit.

Auch der Hauptsitz der weißen Schwestern- und Bruderschaft befindet sich in einer Dimension, die dein ganzes Universum umfasst. Genauso verhält es sich mit dem karmischen Rat.

Wenn du nun durch ein Teleskop schaust, oder in deiner Meditation auf Reisen gehst, wirst du oftmals wunderbare Farben sehen und bezaubernde Töne hören. Diese Farben sind von einer leuchtenden und strahlenden

Kraft. Vielleicht ist es dir schon einmal aufgefallen, dass du diese Farben in dieser Intensität auf Gaia nur selten findest? Und auch diese wunderbaren sphärischen Klänge können auf Gaia nur mit der entsprechenden Technologie, oder sehr viel Geschicklichkeit des Künstlers, erzeugt werden.

Die alltäglichen Farben und Töne in deinem Leben beschränken sich eher auf einen kleinen und engen Bereich. Oftmals hast du dich vielleicht gefragt, warum das so ist? Wo sind die wunderschönen Farben, die du in deinen Meditationen siehst oder die ihr heute mit den für euch neuen Technologien kreieren könnt?

Die Heimkehr und die Aktivierung deines Lichtkindes wird dazu beitragen, dass die hohe Energie und die lichtvolle Schwingung dieser wunderschönen, kristallinen Farben sich auf Gaia ausbreitet und manifestiert.

Das Netz aus Licht und Farben, das sich durch die Freude und den Einsatz all der Menschen, die als Lichtarbeiter/innen inzwischen aktiv sind, immer schöner und intensiver auf Gaia ausbreitet, erhält durch die Heimkehr der Lichtkinder eine Intensivierung.

Die Verankerung deines Lichtkindes in deinem Erd- Chakra hebt die Energien der Erde an, und die intensive Schwingung kann Licht und Farben bis in die Tiefen der Erde, bis die Tiefen Gaia´s, erstrahlen lassen.

Sonnenkinder

Die Lichtkinder, welche die weite Reise hinter der Zentralsonne begonnen haben, gehören zu den Seelen, die nur sehr selten auf Gaia inkarniert sind. Sie bewegen sich ansonsten meistens im gesamten kosmischen Bereich und tragen Avatar- und Lehrerenergien.

Sie wissen um die kosmischen Zusammenhänge, kennen die verschiedenen Planeten, waren bereits auf vielen Planeten dieses Sonnensystems inkarniert, und sie tragen die Aufträge der weißen Schwestern- und Bruderschaft, oder des karmischen Rates, in die Bereiche, in die sie gehen.

Diese Sonnenkinder sind zurzeit mehrfach auf Gaia inkarniert, um die Anordnungen des karmischen Rates zu implantieren und für deren Umsetzung zu sorgen. Es ist in dieser Zeit wichtig und schön diese Kräfte stabil auf Gaia zu verankern, um die anstehenden Umbrüche möglichst friedlich und liebevoll umsetzen zu können.

Die sogenannten „Sonnenkinder" werden Gaia nach dieser Zeit wieder verlassen, da ihre Anwesenheit auf anderen Planeten erforderlich ist, um die großen kosmischen Veränderungen durchführen zu können.

Gehört dein Lichtkind dazu, bitte ich dich, im Namen des karmischen Rates, die Farbe und die Kraft deines Lichtkindes, mindestens einmal täglich, bis tief in dein Erdchakra zu senden. So erfährt Gaia bis in ihr tiefstes Inneres von deiner und unserer Anwesenheit und kann diese Kraft für sich nutzen.

Das schöne Potential deines Lichtkindes kann dir helfen, dich leichter und freudvoller aus einengenden Mustern und Strukturen zu lösen. Die friedliche und warme Strahlkraft dieser Energie wird dazu beitragen, andere Menschen und Mitgeschöpfe aller Art energetisch anzuheben. Sie wird auch dir selbst vieles in der Gestaltung deines Alltages erleichtern. Du bist dann verbunden mit einem Teil deines Potentiales, welches zum Wohle Gaia´s und der Menschheit beitragen kann.

Lass dir die folgende Meditation von einer lieben Freundin oder einem Freund vorlesen und dich liebevoll führen. Trainiere sie danach täglich. Es wird dir immer leichter fallen. Diese Meditation kann dir bei der Integration deines Lichtkindes helfen.

Meditation: Liebe dich selbst in deiner Vollkommenheit

Du bist vollkommen entspannt, und folgst sanft dem Fluss deines Atems. Lass deinen Atem hinab sinken durch deinen ganzen Körper. Erlaube deinem ganzen, körperlichen Sein sich bei jedem Einatmen mit Freude, Liebe und Lebendigkeit auf allen Ebenen aufzufüllen.

Lass nun Freude, Liebe und Lebendigkeit in deine ganze Aura fließen, in deinen ganzen Lichtkörper. Nimm wahr, wie sich dein Lichtkörper immer weiter ausdehnt und ausdehnt.

Vollkommen sicher und geborgen ruhst du in deinem Sein, in deinem Licht. Du bist, in den Händen der Göttin, aufgehoben und gehalten.

Und nun erlaube mir, Lady Portia, in deine Nähe zu kommen, anwesend zu sein und dich bei dem Rufen deines Lichtkindes zu begleiten.

Lass dir alle Zeit, die du brauchst. Spüre die Entspannung, die Freude, die Lebendigkeit und die allumfassende Liebe der großen Schöpfergöttin bis in jeden Zeh, in jede Fingerspitze, in jede Haarspitze.

Gönne dir dein Sein, dein wunderbares Leben, und deine Schöpferinnenkraft, mit jeder Faser deines körperlichen und deines multidimensionalen Seins. Entspanne dich mit jedem Ausatmen mehr und mehr.

Und nun, erfülle dich mit Lebensfreude und mit Lachen. Schaue noch einmal zurück auf all deine wunderbaren Wege, die du gegangen bist, auf all das, was du dir erlaubt hast zu entwickeln, aus dir heraus zu entfalten. Mache dir bewusst, dass niemand sonst all das erlebt hat. Mache dir bewusst, dass es dein Leben ist, welches du lebst und dir gerade anschaust. Vor allem jedoch, gratuliere dir selbst zu deinem Leben, zu deinem Sein so, wie ich dir aus dem Herzen der Göttin gratuliere, und dich begrüße als Tochter der Göttin, als Sohn der Göttin.

Gemeinsam erfreuen wir uns an deinem Weg zu der gaianischen Schamanin, die du geworden bist. Gemeinsam erfreuen wir uns an all dem, was du gelernt und geheilt hast.

Lass tiefe Freude dich erfüllen, weil du weitergehen wirst auf deinem ganz eigenen Lebensweg. Fühle die Freude in dir darüber, dass du dich entschieden hast zu lernen, zu handeln und somit zu heilen.

Sei stolz auf dich. Sei voller Stolz, der aus der Göttin selbst kommt, auf dein wundervolles Sein. Erlaube diesem heilsamen und gerechten Stolz dich vollkommen zu erfüllen und dazu beizutragen, in deine Schöpferinnenkraft zu gehen.

Jetzt lade, mit deinem weit offenen Herzen, dein Lichtkind ein, dieses strahlende Licht, das du bist: ewiglich und unendlich. Dieses unendliche kosmische Potential, das sich durch dich und mit dir auf Gaia entfalten kann, gesegnet mit kosmischer Weisheit, Schöpferinnenkraft und Liebe.

Spüre in dich hinein. Fühle, wie dein Lichtkind dich mit seiner Freude und mit seinem Sein einhüllt. Vielleicht nimmst du ein leichtes Kribbeln wahr, vielleicht fühlst du dich auch eingehüllt von einer liebevollen Wärme.

Lass das Licht, und die Farbe, durch all deine Körper fließen. Lass beides sich ausbreiten in deinem ganzen Sein. Lass beides sich tief mit dir verbinden und sich fest in dir verankern.

Dann spüre diesen unendlichen, kosmischen Jubel in deinem Inneren, der sich wie ein zartes Vibrieren durch all deine Körper bewegt, einen Jubel, der alles in dir zum Klingen und zum Schwingen bringt.

Erlaube dieser wunderbaren hohen Energie, sich durch und durch mit dir zu verbinden, mit dir eins zu sein.

Wisse, dass du diese kleine Meditation jederzeit wiederholen kannst, wenn dich das Gefühl erreicht, den Kontakt zu deinem Lichtkind verloren zu haben, oder wenn du glaubst es nicht ausreichend spüren zu können.

Dein Lichtkind wertet nicht. Es würde nicht verstehen, wenn du wertest. Es steht in keinerlei Resonanz zu all diesen menschlichen Themen.

Bleibe entspannt in deiner Energie, in deinem Licht und erfreue dich mit mir, doch auch jederzeit ohne mich, daran, dass du dein Lichtkind endlich wieder gefunden hast, daran, dass ihr endlich wieder vereint seid, und daran, dass dieses wunderbare Potential, deines lichtvollen Seins, nun wieder in der Sphäre Gaia´s bleiben kann.

Bleibe so lange entspannt, und vielleicht auch in Kommunikation, wie es für dich richtig ist.

Löse dich erst dann aus dieser Meditation, wenn für dich die richtige Zeit gekommen ist. Wiederhole diese Begegnung, so oft du magst.

Freudvoll ankommen im Hier und Jetzt

Du hast jetzt vieles gelernt. Du hast deine vier Kräfte integriert und arbeitest täglich mit ihnen? Du rufst sie dir immer wieder auf deine innere Leinwand, schaust wie es ihnen geht und welche Themen, für welche der vier Kräfte, gerade anstehen? Nimmst du sie ernst und sorgst gut für sie? Und auch das Lichtkind wird für dich immer selbstverständlicher und klarer. Die kosmischen Farben kommen zurück in dein Leben.

Du baust deine Kräfte auf, wirst immer mehr du selbst. Du wirst endlich die, die du in Wahrheit bist, und natürlich auch der, der du wirklich bist.

Du hast dich auf den Weg gemacht in die „neue Energie", Du hast dich bereit erklärt, die alten Verstrickungen und Muster los zu lassen. Du hast dich entschieden alles, was hinter dir liegt, dort zu belassen, wo es hin gehört, nämlich hinter dir.

Komme ganz an im Hier und Jetzt, geliebtes Wesen. Sei ganz hier bei dir und versichere dich, dass du deine Verbindungen nach Rückwärts, in die Vergangenheit, losgelassen hast? Bleibe einfach stehen, zentriere dich ganz im Jetzt bei dir, und hülle dich in die Farbe deines Lichtkindes. Diese Farbe wird dich schützen und heilen.

Erkläre ganz bewusst, dass du die Vergangenheit anerkennst und loslässt. Danke dir selbst für all deine gemachten Erfahrungen, und sei jetzt mit deinem ganzen Gewahr sein genau hier, genau in diesem Augenblick, wo du gerade bist und bis hierher gelesen hast.

Sei in diesem Moment ganz ohne Vergangenheit und ganz ohne Zukunft. Sei nur ganz und gar in der Gegenwart, im JETZT.

In dieser Sicherheit der Gegenwart, drehe dich langsam um und schaue zurück. Bleibe ganz bei dir. Setze dich ruhig und friedlich hin. Schaue zurück mit deinen heutigen Augen. Schaue zurück in deine „Vergangenheit" voller Frieden, Dankbarkeit und Liebe. Lass alles noch einmal an dir vorbei ziehen.

Sieh all diese wunderbaren Menschen, die dich begleitet und gelehrt haben, all die Erlebnisse, die dich haben wachsen und weiter gehen lassen. Lass einfach kommen, was sich dir noch einmal zeigen möchte.

Sende allem, was kommt, Frieden und Liebe.

Dein Lichtkind ist bei dir. Wenn du Themen, Menschen oder Dinge siehst oder wahrnimmst, die noch sehr fest mit dir verbunden sind, dann bitte dein Lichtkind, diese Bindung aufzulösen und zu heilen. Nimm wahr, wie das geschieht.

Bedanke dich aus ganzem Herzen für alles, was dich auf deinem Weg begleitet und dich gelehrt hat. Dann lass auch den Schmerz los, der mit manch einer Erfahrung, oder mit manch einem Menschen vielleicht noch verbunden ist. Nimm deinen alten, vergangenen Schmerz zur Kenntnis, erkenne ihn an. Er hatte seine Zeit und seine Berechtigung. Beschließe hier und jetzt, dass du ihn gehen lassen kannst.

Übergib all deinen vergangen Schmerz an die Kräfte des Lichts. Sie werden deine gebundenen Energien transformieren, sodass sie als dir als freie vollkommen lichtvolle Energie wieder zur Verfügung stehen.

Nun folgt eine Meditation, die du dir wieder gerne, von einer lieben Freundin oder einem lieben Freund, vorlesen lassen kannst:

Meditation: Eine strahlende Zukunft erschaffen

Setze dich gerade und klar hin. Lass im Hintergrund leise, dir angenehme Musik laufen und entspanne dich mit jedem Atemzug. Lass dein Tages-Bewusstsein tiefer und tiefer hinab sinken bis in deinen Bauch, in dein Sakralchakra hinein.

Nimm, bei jedem Einatmen, Frieden, Heilung und Liebe in dich auf. Zentriere dich dort, tief in deinem Bauch, mit drei tiefen Atemzügen.

Halte deine Augen ruhig geöffnet, wenn dir dies angenehmer ist. Wenn es dir mit geschlossenen Augen leichter fällt, dann schließe deine Augen.

Mache dir bewusst, dass du ganz bei dir bist, im Hier und Jetzt.

Rufe dir das heutige Datum, die Jahreszahl, den Ort, an dem du dich befindest, und auch die aktuelle Uhrzeit in dein Bewusstsein.

Erlaube nun deinen drei Herzen (Bauch, Brust und Kopf) in Einklang zu sein, im gleichen Takt den Rhythmus des Lebens zu schlagen, und zu schauen, was alles hinter dir liegt, dich begleitet und geführt hat, und dir geholfen hat, zu der (oder zu dem) zu werden, die du heute im strahlenden Licht der großen Schöpfergöttin bist.

Lass deine Vergangenheit an dir vorüber fließen, ruhig und gleichmäßig. Lass alles in dir aufsteigen, was sich dir jetzt zeigen möchte und spüre einfach nur, wie und ob dein sensibles Körpersystem regiert.

Vieles wird einfach nur vorüber streichen. Es wird kommen und wieder gehen. Kommt etwas vorbei, bei dem du spürst, dass es dir noch weh tut, dich immer noch traurig macht oder verletzt, dann erlaube deinem Lichtkind zu reagieren.

Sende Heilung, Frieden und Liebe dorthin. Und es kann gut sein, dass du wahr nimmst, wie dein Lichtkind bestehende, dich noch belastende Verbindungen trennt.

Lass, gemeinsam mit deinem Lichtkind, einen Kanal aus Licht und Farben entstehen, durch den dann alles von dir gehen kann, was hinter dir liegt, alles, was du nicht mehr brauchst.

Tue dies so lange, wie es Zeit braucht.

Dein Lichtkind wird voller Freude anwesend sein. Es wird es genießen, mit dir gemeinsam, die Vergangenheit los zu lassen und zu heilen.

Erinnere dich: Dein Lichtkind ist frei und ungebunden. Es ist endlich zurück gekehrt, für dich und für Gaia. Es ist reine Liebe und Lichtkraft. Dein Lichtkind ist vollkommen erfüllt mit der Liebe der großen kosmischen Schöpfergöttin. Es hat unendlich lange Zeiten darauf gewartet, endlich wieder mit dir verbunden zu sein, um dich auf deinen Wegen begleiten zu dürfen.

Sei voller Freude, mit deinem Lichtkind, genau in diesem Augenblick. Sei völlig eingehüllt, eingewoben, eingetaucht, in die strahlende Farbe deines Lichtkindes.

Wenn die Vergangenheit an dir vorüber gezogen ist, dann wandere Hand in Hand mit deinem Lichtkind in deine wundervolle Zukunft.

Lass deine Zukunft, in der leuchtenden Farbe deines Lichtkindes, erstrahlen. Und erlaube deinem Lichtkind, alle Bilder die erscheinen mit seinem strahlenden Licht zu erfüllen.

Dein strahlendes Lichtkind, kann dir so einen Weg bereiten, auf dem ihr gemeinsam, voller Freude, in deiner Kraft der Göttin, die du bist, deinem erfüllten Leben entgegen gehen kannst.

Visualisiere, fühle und erfahre diese wundervollen Wege, so lange du möchtest. Gestalte deine Zukunft in den schönsten und freudvollsten Bildern. Hilf deinem Lichtkind aktiv, mit dir gemeinsam, deine wundervolle Zukunft zu gestalten.

Wenn du spürst es ist jetzt an der Zeit in deinen Alltag zurück zu kehren, dann verankere dich in deinem Erd-Chakra im Herzen Gaia´s.

Spüre ganz bewusst in deinen wunderbaren Körper hinein und erfülle ihn mit der Liebe und der Energie deines Lichtkindes. Lass diese wunderschöne Energie durch dich und durch dein ganzes Sein fließen.

Wenn du dies fühlst, dann spüre, wie die harmonische und lichtvolle Kraft sich durch deine Fußchakren bis in dein Erd- Chakra im Zentrum Gaia´s ausdehnt.

Atme einige Male tief ein und aus, und sei ganz bewusst zurück im Hier und Jetzt.

Deine Söhne, deine Kinder
Die neuen Männer der neuen Zeit

Schau dich um in deiner Zeit, in deiner Dimension und in deiner Welt. Schau dir deine Söhne und all die Männer an, die du kennst, die sich um dich herum bewegen, all die Männer die dir so tagtäglich begegnen.

Überall erlebst du in der heutigen Zeit Männer und Söhne, die ihre manipulative Macht über andere Menschen los lassen. Du erfährst Männer und Söhne, die bereit sind und den Mut haben einfühlsam und liebevoll zu sein. Männer und Söhne, die los lassen, die nicht andere Menschen oder Tiere dominieren wollen, die sich lieber hin setzen, lesen und harmonische Gespräche führen oder einfach nur in ihren Tagträumen versinken.

Sie sind ruhig. Sie sind friedfertig. Sie sind liebevoll. Sie übernehmen ihre Verantwortung und nehmen ihr Leben an. Sie gehen ihren eigenen Weg, auch dann, wenn er dir manches Mal vielleicht nicht beeindruckend genug erscheinen mag, oder sie nicht kraftvoll genug auf dich wirken.

All diese Männer und Söhne, die sich auf ganz liebevolle Art und Weise weigern, dich aus deiner Kraft heraus zu bringen, indem sie dich immer wieder zu dir selbst zurück bringen, dir zur Seite stehen und bereit sind, sich intensiv auf dich einzulassen sind auf diese Erde gekommen, um das Weibliche, deine weibliche Kraft, in dir zu stärken. Sie haben auf ihrer Seelenebene beschlossen der Göttin beizustehen.

Viele unter ihnen waren in anderen Inkarnationen Priester, Lehrer, Krieger und Heiler im Matriarchat. Sie wissen, wie es sich anfühlt in der Liebe der großen Göttin zu sein. Und genau diese Liebe führt sie durch ihr Leben.

Sie wissen jedoch nicht, wie sich das männliche Prinzip, nach euren heutigen Vorstellungen, verhalten sollte. Denn sie tagen weder den Wunsch noch das Bedürfnis in sich das Weibliche dominieren zu wollen.

Sie wehren sich auf ihre eigene Art gegen den Druck des Patriarchates. Dies geschieht dann zumeist durch Passivität. Sie sind nicht bereit eine beherrschende Rolle zu spielen, welche die Gesellschaft vielleicht von ihnen erwartet. Denn sie sind nicht bereit, sich gegen Gaia zu stellen. Tief in sich selbst wissen sie, dass ihre Passivität helfen wird der Göttin den Weg zu ebnen, um eine neue Zeit des Einklangs und des Miteinanders auf Erden herbei zu führen.

Oft nehmen sie es auf sich, als Versager, als Softi oder mit ähnlichen Attributen betitelt zu werden, denn sie wissen, dass auf diese Weise, die Frauen auf dieser Erde, wieder in ihre Kraft gehen werden und überhaupt erst wieder verstehen lernen, was in ihnen schlummert.

Sie brauchten in ihren Inkarnationen, in der Zeit des Matriarchats, keinen männlichen Gott, denn sie hatten keinen Mangel mit der Göttin. Sie wussten um die Regeln dieser Schöpfung. Sie wussten um Gaia´s Regeln. Und in ihnen lebt die Liebe zu dieser Schöpfung. Sie boykottieren alles, was für diese wundervolle Schöpfung bedrohlich ist. Sie helfen auf ihre Art und Weise der großen Göttin in einer unendlichen Liebe, die tief in ihnen schlummert, in dem Vertrauen, dass die Göttin sie halten und nähren wird.

Und sie helfen dir, geliebtes Wesen, wieder zu lernen zu vertrauen und all die Wunden des Weiblichen zu heilen. Sie sind bereit ihr Sein für die Rückkehr der Göttin einzusetzen, denn sie wissen, dass die große Göttin sie liebt. Sie braucht und sie will kein Opfer. Sie wissen um die Qualitäten dieser Zeit. Sie wissen um die große Göttin. Sie bringen sich als Söhne der Göttin, im Vertrauen auf ihre Liebe, ein. Dieser Liebe können sie sicher sein, denn die große Göttin liebt auch ihre Söhne.

Diese Männer und Söhne tun all dies, was sie tun, für die Entwicklung der Menschheit, denn sie wissen, dass das weibliche und das männliche Prinzip, körperlicher Ausdruck der großen Göttin sind. Beide Prinzipien sind aufgehoben und geborgen in ihr. So wird es auch auf der Erde bald wieder sein.

In dieser Zeit des Umbruchs nehmen sie all das auf sich, um auf ihre ganz eigene Art und Weise zu all dem, was entsteht, beizutragen.

Sie erlauben dir nicht, dass du eine Rolle spielst und sie helfen dir in deine Kraft zu gehen. Sie helfen dir, dich kennen zu lernen auf eine Art und Weise, die du selbst nicht für möglich gehalten hättest.

Du bist vielleichtenttäuscht, wenn der Mann nicht tut, was du willst. Du bist wütend, wenn du Dinge alleine machen sollst oder selbst für etwas eintreten sollst. Du fühlst, was du nicht erwartet hast, und das, was du fühlst, bringt dich in deine Kraft. Das rote Feuer in dir steigt auf. Es mischt sich mit dem Wasser deiner Gefühle. Du wirst zu dem Vulkan, der du bist. Nach dem Ausbruch bist du erstaunt, was so aus dir heraus kommt und du hast wieder einen Schritt getan zur Befreiung der Göttin in dir.

Die Söhne der Göttin werden dich enttäuschen, wenn du an den alten Strukturen festhalten willst. Sie werden dir weh tun. Sie werden dich leiden lassen, weil sie nicht deiner Vorstellung entsprechen. Doch denke du immer daran: es ist deine freie Entscheidung zu leiden oder eben NICHT zu leiden. Prüfe immer wieder, was in dir geschieht und erfreue dich immer wieder an jeder Gelegenheit zur Heilung der Göttin in dir.

Die Söhne der Göttin sehen, was du vergessen hast. Sie helfen dir, all das wieder zu befreien und die Frau zu werden, die du in Wahrheit bist. Du bist der lebendige Ausdruck der Göttin.

Gaia selbst und die ganze Schöpfung, die Gaia ist, befindet sich in starken Veränderungen, die ihr als Wege in die neue Energie bezeichnet.

Die Resonanzen, in denen alles auf Gaia, mit ihr als wunderbaren Ausdruck der großen Schöpfergöttin, verbunden ist, werden von ihr selbst aufgelöst und getrennt.

Gaia selbst hält nichts mehr fest. Sie löst sich aus den Verstrickungen und Erinnerungen. Sie reinigt ihre Bibliotheken, ihre Speicher.

Auf deinen Reisen, durch die verschiedenen Dimensionen Gaia´s, hast du, auch außerhalb des physischen Lebens, auf Gaia vieles gelernt und erfahren. All das kannst du genau jetzt zusammen mit den Töchtern und den Söhnen der Göttin einbringen und umsetzen.

Niemand inkarniert ohne vorherige Erfahrungen. Und diese Regel betrifft nicht nur gaianische Erfahrungen. Sie betrifft dein ganzes Sonnensystem.

Alle die, die sich bereit erklärt haben in männlicher Form zu inkarnieren und genau in dieser Zeit genau hier zu sein, wissen in ihrem spirituellen Sein um die anstehenden Veränderungen.

Ebenso viele Wissende sind in weiblicher Form inkarniert, als Töchter der Göttin. So suchen beide Geschlechter ihre Identität, und finden auf ihrer Suche ihr Wissen und ihre tiefen Erinnerungen.

Die Suche, das Lernen und das Wissen sind der Weg zur Unendlichkeit der großen Schöpferinnenkraft. Sie sind der Weg in die spirituelle Freiheit. Eins sein mit dem spirituellen Selbst und somit ein erwachtes kosmisches Bewusstsein zu entwickeln, zu haben und zu halten, dazu sind sie hierher gekommen. Das ist eine Anforderung und eine Herausforderung.

Und so machen die Töchter und Söhne der Göttin hin und wieder eine Pause auf ihren Wegen, auf ihrer Suche. Sie begegnen sich, lachen, tanzen und feiern miteinander. Sie verbringen auch eine Zeit ihres jeweiligen Lebens miteinander, lernen voneinander, wachsen aneinander und gehen dann vielleicht auch wieder auseinander. Ganz so, wie es der ganz eigene Weg ist.

Und manches Mal entsteht aus einer solchen Verbindung ein wunderbares kleines Menschenkind, ein Kind der Göttin, der Schöpferinnenkraft. Eine lichtvolle Seele die eingeladen wurde, sich zu inkarnieren, um dich und euch zu erinnern und wachsen zu lassen.

Diese wunderbare lichtvolle Seele kommt nicht einfach so. Sie ist auch kein „Zufall". Sie verkörpert sich, denn sie hat sich bereit erklärt sich einzulassen, körperlich zu werden und dein Leben zu bereichern, mit dir gemeinsam ihren und euren Lebensweg zu gehen, und mit dir und für dich zu lehren und zu lernen.

Diese ankommende Seele hat zu dem Zeitpunkt, an dem sie beginnt sich zu inkarnieren, das gesamte Wissen all deiner und deines Partners Ahnen zur Verfügung. Sie bringt das Wissen aus den kosmischen Dimensionen, aus denen sie kommt, mit in diese Schöpfung.

Und möchtest du diese wunderbare und lichtvolle Seele begleiten, dann erlaube ihr, sich von karmischen Verstrickungen, Lasten und Einschränkungen zu befreien.

Die Töchter und die Söhne der Göttin lehren ihre Kinder diese Dinge. Sie helfen ihnen als freie und lichtvolle Menschen ihr Leben zu gestalten. So können diese Kinder der Göttin den Weg mit Gaia gehen. Sie können loslassen was und wo Gaia loslässt und heilen wo Gaia, sie selbst und die ganze Schöpfung, der Heilung bedürfen.

Für heute Lebe wohl – Gehe klar und lichtvoll deinen Weg

Nun habe ich dir viele Möglichkeiten angeboten. Ich habe dich auf vielen Wegen, bei vielen neuen Erfahrungen begleiten und manches Mal auch anleiten dürfen.

Ich wünsche mir und uns, dass du mit all diesen Möglichkeiten leichtere und freudvoller Wege für dich findest, dass du wieder vollkommen in deine Kraft kommst um in die Göttin hinein zu wachsen, die du wirklich bist.

Der Weg dieses, deines Lebens ist dein ganz besonderer, dein ganz eigener Weg, auf dem ich dich von Herzen gerne begleite. Ich reiche dir jederzeit gern meine Hand, wenn du es willst.

Je weiter und tiefer du heilst und ganz wirst, je weiter und tiefer du auf deinem Weg in deine innere Zufriedenheit kommst, desto mehr Gleichmaß und Einklang wirst du finden. Je mehr Gelassenheit und Zufriedenheit in dir ist, und sich durch dich ausbreitet, desto stärker wird die Resonanz sein. Das Netz aus Frieden, Gelassenheit und Heilung wird stärker und stärker.

Ich wünsche mir und dir, dass dieses Buch eine Bereicherung für dich ist. Ich wünsche dir und mir, dass es dazu beiträgst, dass du weiter und weiter in deine Selbstermächtigung hinein wächst.

In dieser wunderbaren Zeit, eines stetig steigenden Bewusstseins vieler Menschen, werden Transformation, Auflösung alter Muster und Netze und Heilungen möglich, die lange Zeit so nicht möglich waren und nicht stattfinden konnten.

Spüre immer wieder in dich hinein. Fühle, womit und wobei du dich wohl fühlst. Erkenne und erfahre wann du in vollkommenem Einklang mit deinen Verbündeten, deinen vier Kräften und deinem Lichtkind bist. Nimm dir immer soviel Zeit, wie du brauchst, für deine Entscheidungen und auch für deine Schritte. Dann gehe klar und lichtvoll deine Wege.

Tausche deine Erfahrungen gerne mit anderen Menschen aus und gehe weiter deinen lichtvollen Weg.

Die Kräfte des Lichtes, und auch ich, Lady Portia, sind immer an deiner Seite, wenn du uns rufst. Wir begleiten dich voller Freude auf deinem Weg.

In Weisheit, Liebe und Lebensfreude und im Lichte der großen Göttin

Lady Portia

Eine Regenbogenbrücke zwischen den Dimensionen

Mit diesem Buch lege ich, in der wunderbaren Begleitung und Anleitung der aufgestiegenen Meisterin Lady Portia, eine Regenbogenbrücke zwischen den schamanischen Dimensionen Gaia's und den kosmischen Dimensionen der Kräfte des Lichtes, in deine Hände.

Sei achtsam und aufmerksam auf deinem Weg der gaianischen Schamanin, und gehe auch du ebenso respektvoll und liebevoll mit dem eigenen Raum anderer Geschöpfe und Menschen um, wie deine Verbündeten und die Kräfte des Lichtes miteinander wirken und sind.

Überschreite keine Grenze, wenn es dir nicht ausdrücklich erlaubt wurde. Und denke daran, dass du für die heilerische, schamanische Arbeit für andere Menschen und Geschöpfe eine erweiternde Ausbildung brauchst. Ein respektvoller und liebevoller Umgang miteinander in allen Dimensionen des Seins ist ein Anspruch, durch den Heilung und ein liebevolles Miteinander sich ausbreiten können in allen Bereichen.

Möge diese Regenbogenbrücke dir, und der gesamten Schöpfung, als sichtbarer Ausdruck der großen Göttin, zum Segen gereichen.

Wir freuen uns sehr, wenn du mit mir, der Göttin in dir, anderen Gleichgesinnten und Lady Portia in einen regen und freudigen Austausch treten möchtest.

Die von Lady Portia und mir entwickelte unterstützende Essenz, ein wundervolles Auraspray und das Chakraöl für die vier Kräfte und das Lichtkind findest du ebenfalls auf genannter Website, wenn du auf Shop klickst.

Ich wünsche dir ein Leben in vollkommener Freude, Harmonie, Frieden und Wohlstand.
Herzliche Grüsse

Petra Aiana

Empfehlungen

Adressen:

Zum Göttinnen-Forum findest du unter www.lady-portia.de

Als Begleitung für deine schamanischen Reisen empfehle ich die CD

Schamanisches Trommeln von John Matthews
ISBN: 978-3935581318

Schöne Göttinnen-Decks:

Göttinnen Orakel von Doreen Virtue – ISBN 978-3936862720

Göttinnengeflüster von Amy Sophia Marashinsky
ISBN 978-3930944897 Dieses Deck ist mein ganz persönlicher Favorit

Buchempfehlungen: Weiterführende Bücher

Petra Aiana Freese „Lady Portia – Die vier Kräfte"

Eva-Maria Ammon „Lady Rowena – Die Kraft der Göttin in dir."

Jane Rowland „Krafttiere begleiten dein Leben" ISBN 978-3897671485

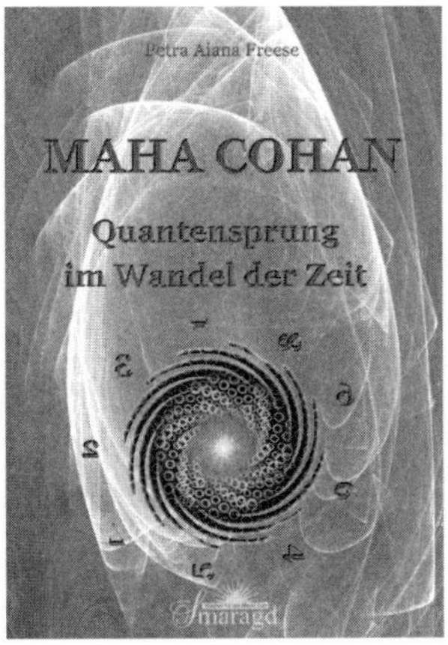

Petra Aiana Freese
MAHA COHAN
Quantensprung im Wandel der Zeit

Lange im Stillen gewirkt, meldet sich Maha Cohan in diesen Zeiten der Veränderungen und des Wachstums der Menschheit und der ganzen Schöpfung. Einfühlsam und liebevoll gibt er uns die Möglichkeit, diese Schöpfung als Mysterium zu erfassen und endlich wieder das zu werden, was wir waren und sind: Wesen aus reinem Licht, eingetreten in die Liebe und die Freude zu dieser Schöpfung.

Wir haben vergessen, wer wir sind und was wir Gaia einst versprachen. Wir wollten wachsen und diese Liebe leben, haben uns jedoch verstrickt und der „Dunklen Saat" den Nährboden bereitet.

Maha Cohan bietet uns die Möglichkeit, in ein erweitertes Bewusstsein hinein zu wachsen, und auf, in und mit Gaia einen „Quantensprung" herbei zu führen, der seit unendlichen Zeiten die Menschen inspiriert und sie auf ihrem lang Weg geführt hat.

Der Weg zur Weisheit geht über das Wissen, das von einem freien Herzen und einem freien Geist gehütet und weiter gegeben wird.
Mögen die Weisheit, die Güte und die Liebe des Maha Cohan dich errei-chen, einhüllen und führen.

Erscheinungstermin Januar 2009 im Smaragd-Verlag
ISBN: 978-3-938489-79-6

Eva-Maria Ammon & Sananda
Tatort Jesus
Mein Neues Testament

Durch die Autorin, Eva-Maria Ammon, als Medium schreibt Jesus durch Sananda sein "Neues Testament" endlich selbst. Er räumt auf mit den Widersprüchlichkeiten und Ungereimtheiten um sein Leben als Jesus und mit allem, was ihm nachgesagt, unterstellt und angedichtet wurde und wird.
Sananda berichtet uns vom Beginn allen Lebens auf der Erde, davon, wie es kam, dass die Dunkelheit die Erde in Besitz nahm, welche Rolle er selbst dabei spielte, bis in die Jetztzeit. Er erklärt unsere galaktische Herkunft. Eingebettet sind alle wichtigen Stationen seines Lebens als Jesus: Kindheit, Maria Magdalena, Kreuzigung und sein Leben auf Erden danach, wie auch „Wunder" und natürlich seine Lehre, besonders die Bergpredigt.
„Tatort Jesus" ist eine spirituelle Alternative zu unseren Glaubenssätzen. Sanandas „Neues Testament" deckt sich zwar mit einigen religionskritischen Ansätzen und historischen Forschungen, doch behält es durch seine eigene Sprache seine ganz besondere Kraft.

„Erfahre einen ganz neuen Jesus, der voller Liebe für die Menschheit und die Erde ist. Erfahre Heilung in ihrer Vollkommenheit. Dieses Buch ist ein wahrhaft heilendes Geschenk an die Menschheit. Allein das Lesen seiner Worte heilt die Wunden aus Kindertagen und eines ganzen Lebens, wenn wir endlich die Wahrheit aus seinem eigenen Mund vernehmen, die so ganz anders ist als die Religionen uns weismachen wollen."

„Tatort Jesus – Mein Neues Testament " ist revolutionär und geht über alles bisher Veröffentlichte hinaus.
Erscheinungstermin: Januar 2009 im Smaragd-Verlag
ISBN: 978-3-938489-77-2

Unser Buch für die Neue Zeit.
Der Menschheit überreicht durch
Metatron und Miranlaya.
Ancient-Master-Healing
Selbstermächtigung durch
Selbsteinweihung.
Ancient-Master-Healing. Das Licht das du bist.
Das heilende Geschenk an dich, an die Menschheit
und unsere Erde.

Die Einweihung in deine Selbstermächtigung ist ein wundervolles Geschenk von Metatron und Miranlaya an dich, an die Erde und an die Menschheit. Erst die jetzige Zeit mit ihren erhöhten Energien macht dieses Wunder möglich, dass du wieder zu dem erwachen kannst, was du in Wahrheit bist – Licht! Diese deine Vollkommenheit wird dir überreicht durch Metatron, Miranlaya, Sananda, Lady Nada, Lady Gaia, Lady Kwan Yin und Saint Germain. Die Meister haben erklärt, dass es jetzt für mehr und mehr Lichtarbeiter an der Zeit ist, aktiv am Wendezeitpunkt das universelle Licht unter die Menschheit zu tragen, damit der Übergang für möglichst viele erreichbar wird. Dieses Arbeitsbuch ist ein Buch zur Selbsteinweihung und ermöglicht dir, dich in Verbindung mit den Aufgestiegenen Meistern und Meisterinnen in die kraftvolle Energie der Quelle selbst einzuweihen.

Danach kannst du die tief greifenden Einweihungen durch Metatron, Miranlaya, Gaia, St. Germain, Lady Nada, Sananda und Kwan Yin in völliger Ermächtigung deiner Selbst in wunderbarer Kraft erfahren.

„Du bist dein eigener Lehrer! Du bist dein eigener Meister! Du hast die Wahl!"

Mehr Informationen, Auraspray und wundervolle Einweihungsessezen gibt es im Internet. www.ancient-master-healing.de

Smaragd-Verlag, Januar 2008
ISBN: 978-3938489635

Lady Portia - Die vier Kräfte

Auf Grund ihrer tiefen Liebe zur vollkommenen Schöpfung und der Großen Göttin macht uns die Aufgestiegene Meisterin und lemurische Priesterin Lady Portia ein Konzept zum Geschenk, mit dem wir uns als vollständige und freudvolle Wesen der Großen Göttin kennen, verstehen und lieben lernen, indem wir die vier Aspekte in uns leben und lieben: Die Priesterin, die Lehrerin, die Heilerin und die Kriegerin.
Sie lässt uns an ihren Erfahrungen, ihrer langen Reise und ihrem Wissen teilhaben und fordert uns auf, die Göttin in der gesamten Schöpfung wiederzuentdecken, zu bestaunen und uns selbst, als Teil dieser Schöpfung, anzunehmen. Mit ihrer Hilfe gelingt es uns, uns als Frauen ganz klar und neu zu definieren und somit auch das mannigfaltige Leid unserer Ahninnen und das von Gaia zu heilen. Daher wünscht sie sich, dass auch Männer dieses Buch lesen und umsetzen, wenn sie bereit sind, sich darauf einzulassen.
„Lady Portia reicht uns die Hand, um die Göttin in uns mit ihrer Hilfe zu entfalten."

Smaragd-Verlag, Januar 2008 - ISBN: 978-3938489635

Lady Rowena - Die Kraft der Göttin in dir

Zum ersten Mal meldet Lady Rowena sich umfassend zu Wort. Sie lässt uns unsere enge Verbundenheit mit unser aller Mutter-Schwester Gaia, der Göttin, den Kristallen der Erde und dem Universum erfahren. Dies ist ein Heilungsbuch. Ein Praxis-Heilungsbuch für die Zeit der Weiblichkeit, welche auf unserer Erde geschunden, verraten wurde und in uns allen neu erwachen will, damit Frieden, Liebe und Licht auf Erden zur Wahrheit wird. In warmen, klaren Worten leitet und begleitet Lady Rowena uns durch die Zeiten, die wir seit Beginn des menschlichen Lebens auf unserem geliebten Planeten Erde verbrachten. Sie zeigt uns die Anfänge, die Wirrungen, die Verluste und den Wandel der Zeiten bis hin zum Aufstieg der Erde, welchem wir entgegen streben. Damit wir diesen auch in den Zeiten, in denen die Dualität sich vermeintlich verstärkt und mehr und mehr trennt, erfahren und weiter geben können, verdeutlicht sie uns, wer und was wir in Wahrheit sind. Dies geschieht in solch liebevoller Weisheit, dass wir erkennen, wie wichtig jeder einzelne von uns ist und, dass wir freiwillig voller Freude in urteilsfreier Liebe und Leidenschaft den Weg mit Gaia beschritten, der nun in Richtung Heimat die wir ersehnen geht. Indem wir durch ihre Begleitung erkennen, findet Heilung und Ganzwerdung statt unterstützt durch die Energie der aufgestiegenen Meisterin Lady Rowena, welche sie in diesen Zeilen verankert. Dazu sind wir wieder hierher gekommen. Denn ich bin du und du bist ich. Ich grüße und ehre die Göttin in Dir. Ich grüße und ehre den Gott in Dir. Mehr Informationen unter: www.lady-rowena.omkara.de

Smaragd-Verlag, Juni 2007 ISBN: 978-3938489437

Du bist der Weg
Entdecke deinen universellen Wesenskern
Die Sehnsucht nach dem Weg deiner Seele
Überarbeitete Neuauflage um mehr als 100 Seiten erweitert.

Es ist einfach. Es ist dein Weg, der dich befreit von der Suche im Außen. Ein Weg, der dich hinführt zur Lösung deiner Probleme und dem Finden deiner eigenen Größe in deinem Inneren. Diese Seiten öffnen dein Herz für die Liebe, die Freude und den Wohlstand in deinem Leben. Befreie dich vom Mangeldenken und nimm die Hilfen an, die dir auf deinen Weg gesendet werden. Lerne in Kontakt zu treten mit deinen lichtvollen Helfern. Lerne dich selbst zu lieben. Lerne, dass du das Recht hast ein Leben in Freude, Fülle, Gesundheit und vollkommenem Reichtum auf allen Ebenen deines Seins zu leben. Dieses Buch ist nicht nur ein Aufruf zur Selbstverantwortung, Freude und Aufstieg. Es zeigt dir den Weg dorthin. Es bietet dir alle Hilfen, die du brauchst um dein Leben in Freiheit von deinen Begrenzungen zu erfahren. Du weißt, dass dein Seelen-Weg vor dir liegt. Den Weg kennst nur du allein, denn er liegt in dir. Niemand außer du selbst kann ihn dir zeigen. Wir können dich jedoch dabei begleiten und dir kraftvolle Wege in ein Leben voller gelebter Liebe zeigen. Deine lichtvollen Helfer werden dich hierbei tatkräftig unterstützen. Der universelle Wesenskern, der dein wahres Selbst ist, der dein du, dein Ich-Bin ist, ist alles andere als das, was du oder Andere bisher von dir gehalten haben. Du hast hier mit diesen Seiten den Schlüssel in deiner Hand deinen universellen Wesenskern zu entdecken, zu entfalten und zu leben. Entdecke und integriere deinen universellen Wesenskern der dein ICH BIN ist.

Omkara-Verlag, Januar 2008 ISBN: 978-3981236927

Aufgestiegene Meister bringen Heilung für die Welt

Dieses Arbeitsbuch ist in Zusammenarbeit mit den Aufgestiegenen Meistern Sananda, St. Germain, Sanat Kumara, Lady Nada, Kwan Yin, El Morya und dem Erzengel Ezechiel entstanden, die, wie immer, der Menschheit in dieser schwierigen Zeit des Wandels mit ihren liebevollen Botschaften und praktischen Übungen helfen. Nach intensiver Klärungsarbeit erfolgt eine Einweihung von St. Germain in die Violette Flamme des Aufstiegs, um dann im nächsten Schritt mit Lady Kwan Yin dein Karma erlösen zu dürfen. Das gilt auch für jedes neu angesammelte Karma, das wir uns im täglichen Leben aus Unachtsamkeit wieder zuziehen können. Mit seinen wunderschönen Botschaften und praktischen Übungen ist dieses Buch für viele Menschen, deren Alltag immer stressiger wird, eine wunderbare Hilfe. Nähere Informationen und die Essenz für das Karma-Entlastungs-Bad gibt es im Internet. www.aufgestiegene-meister.info

Smaragd-Verlag, Juni 2006 - ISBN: 978-3938489192

Bildquellennachweis	Seite	Copyright
Weiße Eule	2, 6, 24, 50, 128	©Patrick Moyer - Fotolia.com
Mandala	4, 8, 12, 18, 32, 48, 82, 88, 92, 96, 116, 138, 154, 158, 171, 176, 182, 188, 200	©Marek Chelupnick-Fotolia.com
Große Eule	20, 36, 70, 81, 106, 150, 190, 192, 194	©Jgz – Fotolia.com
Elfen	118, 172	©Strikker – Fotolia.com
Stern im Mandala		Petra Aiana Freese